A FILHA DE ONÉLIA

Aparecida Miranda

A FILHA DE ONÉLIA

A visão de uma mulher na contemporaneidade

São Paulo, 2023

A filha de Onélia
A visão de uma mulher na contemporaneidade
Copyright © 2023 by Aparecida Miranda
Copyright © 2023 by Novo Século Editora Ltda.

EDITOR: Luiz Vasconcelos
GERENTE EDITORIAL: Letícia Teófilo
ASSISTENTE EDITORIAL: Gabrielly Saraiva
PREPARAÇÃO: Malena Cardoso
DIAGRAMAÇÃO: Manoela Dourado
REVISÃO: Daniela Georgeto e Luciene Ribeiro dos Santos de Freitas
CAPA: Rayssa Sanches

Texto de acordo com as normas do Novo Acordo Ortográfico da Língua Portuguesa (1990), em vigor desde 1º de janeiro de 2009.

Dados Internacionais de Catalogação na Publicação (CIP)
Angélica Ilacqua CRB-8/7057

Miranda, Aparecida
A filha de Onélia: a visão de uma mulher na contemporaneidade / Aparecida Miranda. -- Barueri, SP: Novo Século Editora, 2022
176 p.

1. Mulheres – Autoajuda 2. Miranda, Aparecida – Memórias autobiográficas I. Título

22-6576   CDD 158.1

Índice para catálogo sistemático:
1. Mulheres – Autoajuda

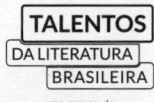
uma marca do
Grupo Novo Século

GRUPO NOVO SÉCULO
Alameda Araguaia, 2190 – Bloco A – 11ª andar – Conjunto 1111
CEP 06455-000 – Alphaville Industrial, Barueri – SP – Brasil
Tel.: (11) 3699-7107 | E-mail: atendimento@gruponovoseculo.com.br
www.gruponovoseculo.com.br

Para todos que estão em processo de transformação, buscando o que há de melhor dentro de si.

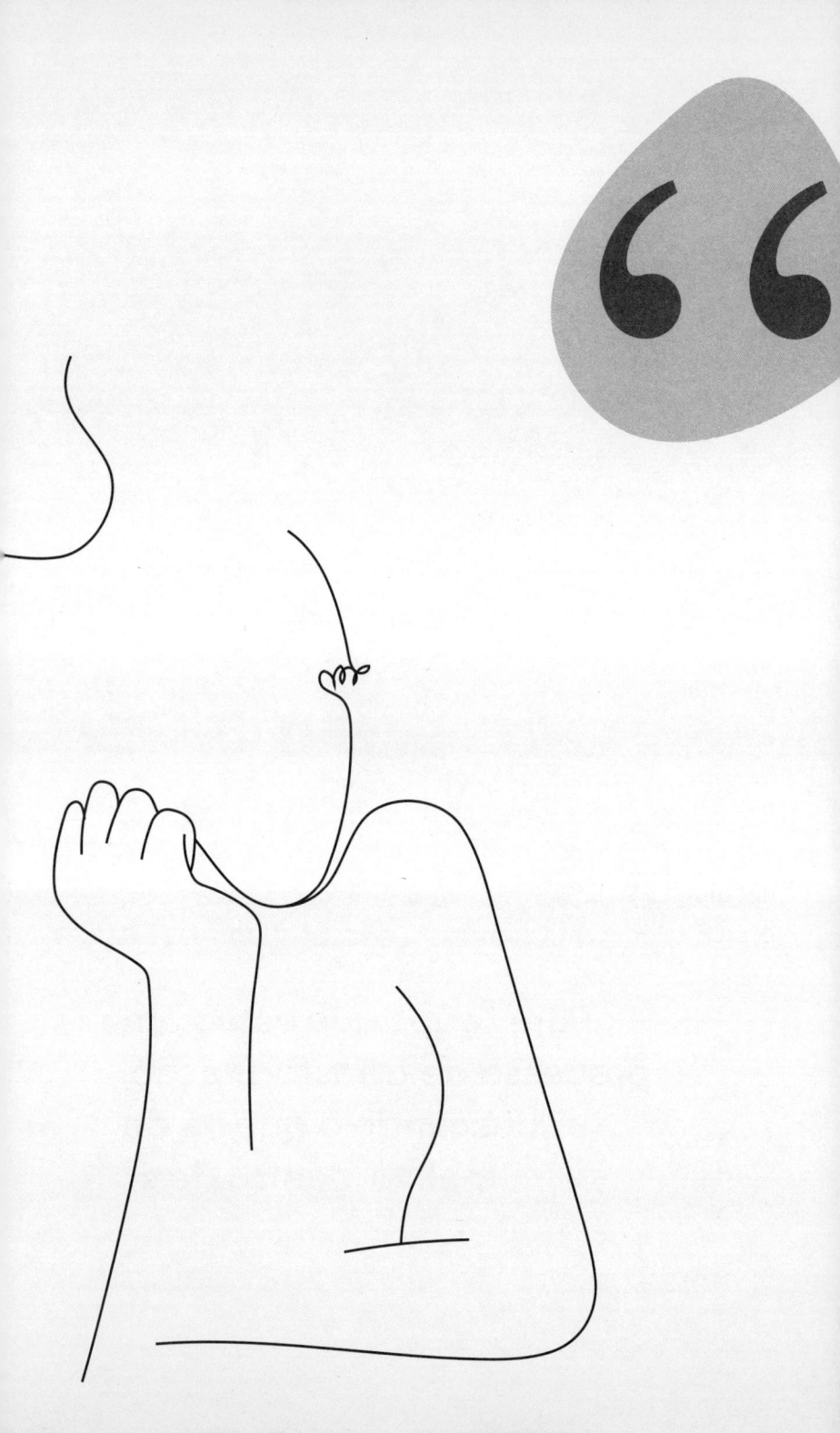

Agradecimentos

A Deus e a Nossa Senhora pelo cuidado. Aos meus pais, Celso e Onélia, que me ensinaram a verdadeira essência da vida. Oh, minha mãe amada, gratidão pela vida e por tanto amor, que transcende o tempo e o espaço. Ao meu marido e companheiro de jornada, por estar sempre ao meu lado. Aos meus irmãos, que me ensinaram a andar de bicicleta; saudade da infância, da espera de uma fruta descascada, das pescarias, dos banhos de rio, dos passeios a cavalo, dos piqueniques... Obrigada por tudo! Gostaria de deixar aqui um agradecimento especial ao meu irmão Itamar, por quem o meu sentimento ultrapassa o laço de irmão, pois, junto com a nossa mãe, formamos um trio inseparável durante muitos anos.

Em memória dos meus avós: o amor, as palavras de sabedoria e o respeito permanecem vivos no meu coração.

Agradeço aos meus sobrinhos pelo aprendizado, em especial ao Lucas, "o lindo da vó", que chegou naquele ano de despedida da nossa mãezinha Onélia: obrigada pela sua alegria.

Aos meus tios, em especial a minha tia Lúcia, irmã mais nova de minha mãe, gratidão pelo seu amor. Aos meus primos, que proporcionaram minha primeira experiência de amizade.

Agradeço aos meus professores, que me ajudaram a construir a pessoa que sou. Aos meus amigos, obrigada pela compreensão e carinho.

Este livro também é de quem caminha ao meu lado em busca de desenvolvimento humano.

Muito obrigada!

Prólogo

O livro *A filha de Onélia: a visão de uma mulher na contemporaneidade* nasceu do desejo de contribuir para a autonomia da mulher contemporânea. Acredito que histórias podem inspirar pessoas, e que podemos mudar o nosso destino por meio do conhecimento, da persistência e do autocuidado, fazendo boas escolhas.

De coração aberto, compartilho com você um pouco da minha história, alguns acontecimentos que me fortaleceram. Afinal, tudo é aprendizado. Podemos transformar nossas experiências negativas em grandes lições e, assim, nos orgulhar dos momentos difíceis que enfrentamos com dignidade, sem abrir mão dos valores herdados de nossos pais, com certeza os mais importantes.

Sou mulher, filha, irmã, sobrinha, cunhada, tia, esposa, pedagoga e psicóloga. E, durante a minha jornada de vida, venho observando a luta das mulheres para conquistar seu espaço na sociedade. Mulheres que lutam para ter autonomia, mulheres que ainda não pararam para refletir sobre a importância da construção de sua própria liberdade, seja emocional, sexual, financeira ou, simplesmente, para agir de acordo com seus valores e crenças, sem sofrer manipulação.

Essa luta para conquistar um lugar melhor e de merecimento é nossa, mas acredito que só vamos chegar lá por meio do conhecimento, do estudo e do saber.

Portanto, podemos observar atualmente uma mudança de mentalidade, pois existe uma preocupação com o futuro das novas gerações, distanciando-se cada vez mais do modelo que nos foi imposto, e ainda permanece: aquele em que as mulheres devem ser educadas para serem frágeis, delicadas, submissas, recatadas, dependentes, boas esposas e delegadas à maternidade.

Sabemos que ainda no século XXI a mulher que opta por não ter filhos, muitas vezes, é mal compreendida e julgada pela sociedade. Refletir sobre as novas formas de ser mulher na contemporaneidade tem me ajudado a auxiliar outras mulheres; por isso o desejo de escrever este livro, para que você também possa refletir sobre quem é essa nova mulher. Na atualidade, podemos fazer escolhas, o que não foi permitido ao longo da história da mulher na sociedade.

Aviso de gatilho: este livro contém relatos de abuso físico e psicológico contra a mulher, e pode apresentar conteúdo sensível para alguns leitores e algumas leitoras.

Prefácio

Apresentar o livro *A filha de Onélia: a visão de uma mulher na contemporaneidade*, escrito por Aparecida Miranda, é transitar por dois universos muito ricos: o da história de vida da autora e o das reflexões sobre o modo como as mudanças da contemporaneidade afetam a produção das subjetividades individuais e coletivas. Ao acompanhar os eventos narrados pela autora, podemos confirmar como os vínculos afetivos e o sentimento de pertencimento, que constituem os laços familiares, se tornam uma base segura para a travessia de momentos difíceis, reforçando a fé e fomentando a resiliência. As reflexões sobre aquilo que nos constitui – nossa identidade, nossas escolhas, nossos afetos –, nos permite caminhar ao longo do ciclo da vida com maior firmeza e lucidez. Aparecida nos mostra a importância da autoconfiança, da busca constante por conhecimento e da abertura às novas experiências de vida como diretrizes para a construção de um caminho pleno de transformações.

Ao longo da leitura deste livro, temos a oportunidade de acompanhar não apenas as reflexões da autora sobre suas vivências, mas também de caminhar ao seu lado, refletindo sobre os desafios que constituem o "ser mulher" na contemporaneidade. Aparecida nos convida a analisar os lugares ocupados pela mulher em suas relações familiares e sociais, transitando pelos seus diferentes vínculos e refletindo sobre os desafios que se configuram na construção de sua autonomia e individualidade.

Como pessoa, nos mostra momentos de vulnerabilidade e superação. Oferece-nos sua história de vida como ponto de partida para um diálogo sobre vivências comuns a muitas mulheres. Como psicóloga e pedagoga, nos instiga a olhar para a nossa saúde mental e ampliar nossa conscientização sobre a importância de nos conectarmos com nossa história pessoal e coletiva, aprendendo sempre com as experiências vividas e contadas. Sua narrativa sensível aponta o autoconhecimento como um caminho para escolhas mais autênticas e assertivas. Nesse percurso, indica a importância de compartilharmos sentimentos e vivências, como um modo de transformar realidades pessoais e sociais. A autora nos aponta, também, a importância de revisitarmos nossos sonhos e repactuarmos acordos em nossas relações amorosas e familiares, ajustando os afetos às mudanças nas trajetórias de vida. Assim, os nossos vínculos afetivos passam a ter continuidade com base em escolhas genuínas, movidas pelo desejo, e não pelo hábito ou pela submissão.

Sem dúvida, a leitura deste livro contribui para a discussão de temas sensíveis e necessários, pavimentando novos caminhos não apenas para as mulheres, mas para a construção de relações mais afetivas e igualitárias.

Rio de Janeiro
Monica Dias

SUMÁRIO

Introdução, 19

Onélia Maria de Campos, 23

Capítulo 01. 20 de maio de 1978, 25

Capítulo 02. A fiel escudeira, 29

Capítulo 03. A camisa amarela, 33

Capítulo 04. O divórcio, 35

Capítulo 05. A experiência religiosa no convento, 39

Capítulo 06. À espera de uma ligação, 43

Capítulo 07. O bilhete no guardanapo, 47

Capítulo 08. Nós dois no altar, 51

Capítulo 09. Os sonhos, 53

Capítulo 10. Afinando a intuição, 57

Capítulo 11. O reencontro, 61

Capítulo 12. De volta à vida, 65

Capítulo 13. Enquanto era examinada, 69

Capítulo 14. Resguardando vidas, 75

Capítulo 15. *Gaslighting*, 77

Capítulo 16. Violência conjugal, 83

Capítulo 17. Identificando a violência conjugal, 91

Capítulo 18. Comportamento do perverso narcisista, 95

Capítulo 19. Transformando dificuldades em sabedoria, 99

Capítulo 20. Vestida de coragem, 105

Capítulo 21. Desconstruindo a imagem da mulher subordinada, 109

Capítulo 22. O despertar das mulheres, 113

Capítulo 23. A liberdade e suas expressões, 121

Capítulo 24. O impacto da autonomia financeira da mulher nas relações afetivas, 125

Capítulo 25. Não ignore os seus sentimentos, 129

Capítulo 26. Autonomia feminina e autoconhecimento, 133

Capítulo 27. Novas configurações familiares, 141

Capítulo 28. A culpa não é sua, 143

Capítulo 29. O que realmente importa para você?, 147

Capítulo 30. Construindo o amor-próprio, 151

Capítulo 31. Sinta-se merecedora, 155

Capítulo 32. Liberdade emocional, 159

Capítulo 33. Apenas o essencial na bagagem da vida, 165

Referências, 171

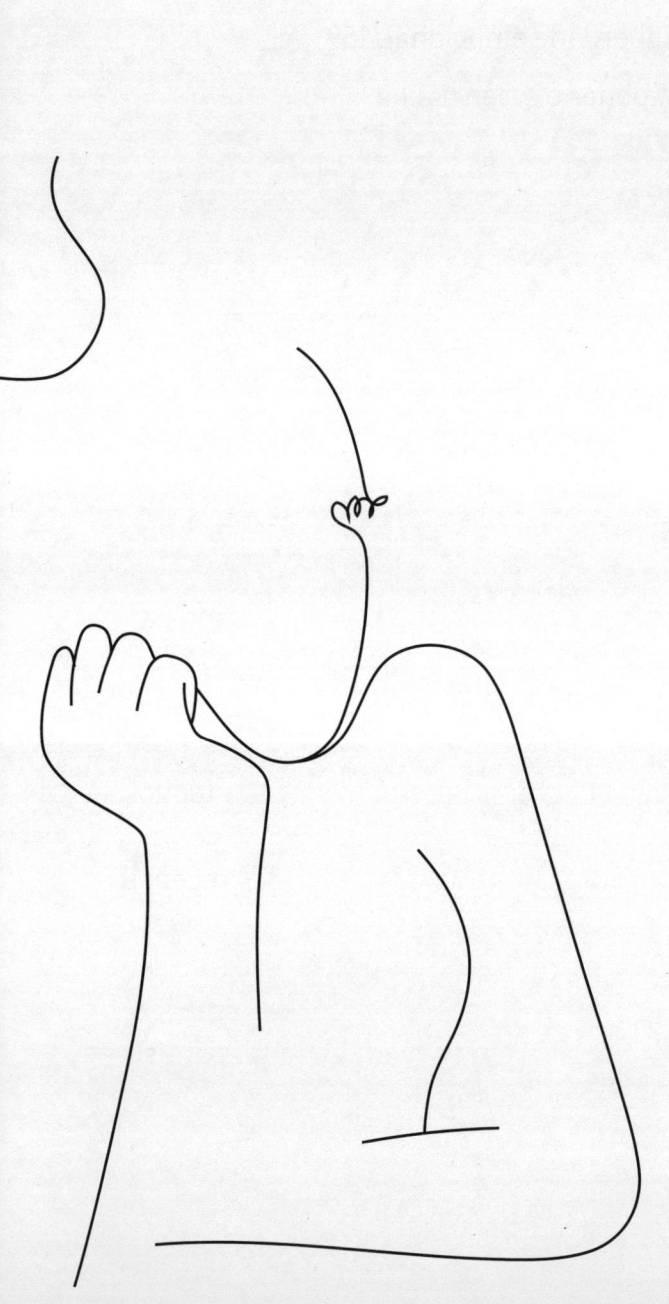

Introdução

Existe uma passagem na Bíblia, mais precisamente em Gênesis, que se refere à criação da humanidade: ela descreve o paraíso, conhecido também como jardim do Éden, que ficava ao lado do Oriente, onde viveram os primeiros habitantes da Terra. Ali, o Senhor colocou o primeiro homem que havia criado, Adão. Naquele lugar, que era considerado fértil, nasceram belíssimas árvores e, dentre elas, as duas principais dentro do contexto bíblico: a árvore da vida e a árvore da ciência do bem e do mal.

Deus enviou para Adão um sono profundo e, enquanto ele dormia, tomou-lhe uma costela e fechou com carne o seu lugar. Dessa costela, Deus fez uma mulher e entregou-a para Adão. Essa mulher recebeu o nome de Eva, pois era a mãe de todos os seres vivos e foi considerada a primeira mulher no contexto bíblico. Eva comeu do fruto da árvore proibida e o apresentou ao seu marido, levando-os à expulsão do paraíso. Assim, toda a humanidade foi condenada ao pecado.

Na mitologia grega, Pandora, criada por Zeus, foi considerada a primeira mulher. Ela recebeu uma bela caixa que não poderia ser aberta; mas, tomada pela curiosidade, não resistiu e a abriu, liberando todos os males que poderiam atormentar a humanidade. Eva e Pandora representam as primeiras mulheres que habitaram a Terra. Ambas foram criadas para servir ao homem, e suas histórias se assemelham pela desobediência: Eva, porque comeu do fruto proibido e ainda o apresentou para Adão; Pandora, que, possuída pela sua curiosidade, não resistiu e abriu a caixa proibida. Revisitar o passado, refletindo sobre essas duas personagens que se esbarram em diferentes momentos da história da criação da humanidade, torna-se indispensável para compreendermos a origem da mulher e suas lutas ao longo da trajetória humana, assim como as preocupações com a situação de desigualdade da mulher.

Ao analisarmos os desafios e a luta histórica da mulher, não podemos esquecer a grande influência do patriarcado, afastando-a do mercado de trabalho e trazendo consequências desastrosas para sua vida. A incompreensão que se teve a respeito do trabalho feminino remonta precisamente ao sistema patriarcal, onde ficou determinado que o homem era o provedor, o responsável pelas despesas da casa, colocando a mulher para exercer a função de cuidadora do lar. Dessa forma, por muito tempo a mulher ficou restrita ao serviço doméstico, com a principal função de zelar pelo bem-estar da família. Embora permanecesse confinada em casa, sempre exerceu seu poder de sedução, conquistando marido e filhos, sem deixar nenhum sinal de imperfeição, hipnotizando a todos com sua máscara da perfeição. Assim, com seu alto nível de esposa e mãe perfeita, foi possível articular silenciosamente sua resistência ao sistema.

A história também nos mostra que, apesar das mulheres terem ficado durante séculos cumprindo somente funções domésticas, algumas delas que exerciam papéis de esposas, mães ou irmãs estiveram mais próximas das posições de poder do que alguns homens. Sendo assim, observamos que, enquanto muitas mulheres estiveram no grupo dos subordinados e dos mais explorados, outras apenas encontravam-se entre os opressores, desempenhando papéis semelhantes em suas residências, oprimindo seus serviçais, que muitas vezes eram mulheres.

Podemos observar que as mulheres quase sempre estiveram à margem da sociedade, lutando incansavelmente para ocupar um lugar menos opressivo. Assim, articulavam incessantemente formas de subsistir e resistir a esse sistema patriarcal, que insistia em vê-las como donas de casa, esposas e mães; que não compreendia sua insatisfação no lar; que questionava sua infelicidade, dizendo que ela era uma sortuda, pois não tinha que prestar contas ao chefe e nem precisava obedecer às regras de uma empresa. A sua insatisfação era invisível aos olhos da sociedade, que não se preocupava com sua felicidade, com seus sonhos, com sua realização pessoal e profissional. Diante desses fatos, podemos dizer que a inserção da mulher no mercado de trabalho foi um marco na história.

Não devemos esquecer que, até os dias atuais, a emancipação de algumas mulheres acontece através da opressão e da exploração de suas funcionárias, ou seja, às custas das empregadas domésticas, das babás... que assumem as tarefas da casa e cuidam das crianças. Essas mulheres, na maioria dos casos, fazem parte do grupo de pessoas com pouca escolaridade, do trabalho menos valorizado e de baixa remuneração, enquanto outras mulheres estão construindo sua carreira profissional.

Portanto, compreender a trajetória da mulher até os dias atuais será de muita relevância para a construção de relações mais igualitárias, além de nos permitir refletir sobre a autonomia da mulher contemporânea: estudo, profissão, casamento, maternidade, cuidados com a saúde, envelhecimento etc.

Onélia Maria de Campos

Mãezinha,
a senhora viveu para além de seu tempo,
para sempre estará no meu coração e
no coração de todos que te amam,
que tiveram a oportunidade de estar ao seu lado,
de conhecer a nobreza de sua alma,
de ouvir suas palavras de sabedoria,
palavras que acalmavam nossa alma,
que alimentavam nossa esperança,
palavras que o tempo não apaga...
Com carinho, a filha de Onélia!

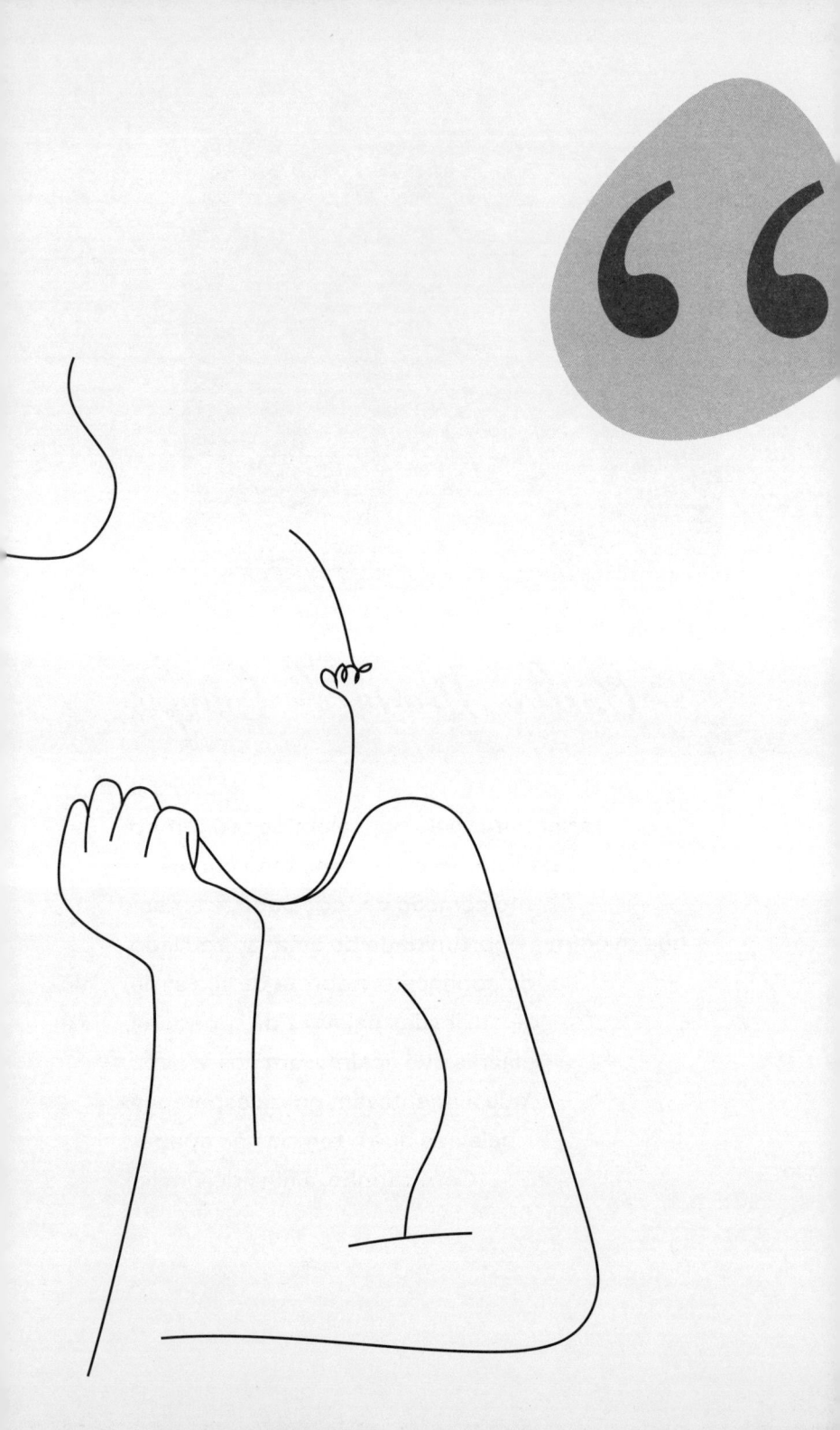

Capítulo 01
20 de maio de 1978

A caçulinha de Onélia, como costumava ser chamada pela mãe, nasceu no dia 20 de maio de 1978, na zona da mata mineira. A filha caçula de Celso Miranda e de Onélia Maria de Campos veio ao mundo por meio de uma cesariana sem complicações, o que possibilitou a sua mãe fazer uma laqueadura tubária, conforme havia planejado. A pequena foi a única filha do casal a nascer em um hospital; seus cinco irmãos haviam nascido em casa, de parto natural.

Aparecida lembra que sua mãe gostava de contar que a pequena falou sua primeira palavra aos três meses de idade. Ela dizia que estava sentada na cozinha amamentando-a quando, de repente, seu pai chegou, ela soltou o seu peito, olhou para ele e falou: pai!

A infância de Aparecida se deu como quase toda infância que perpassou as décadas de 1970 e 1980: vivia entre a sua pequena confecção de roupas para suas bonecas, jogos de adedonha, pique-esconde, passeios na casa dos avós, banhos de rio, piqueniques etc. Para muito além das brincadeiras, sua mãe lhe ensinava a vida dos santos; e todos os dias ela aprendia um pouco mais sobre aqueles homens e mulheres virtuosos, cujas vidas foram marcadas por grandes feitos milagrosos. Além disso, todos os dias mãe e filha se colocavam diante do rádio, às 15h em ponto, para ouvir a Consagração à Nossa Senhora. Assim, à medida que Aparecida crescia, ela e os irmãos aprendiam a rezar com sua mãe e a compreender a fé de Onélia.

Mas, assim como muitas crianças, a pequena passou por momentos difíceis em sua saúde, além de se meter em estripulias que renderam bons sustos à mãe. Um fato que marcou a infância de Aparecida foi uma grave pneumonia adquirida aos seis meses de idade. Apesar de ser apenas um bebê, ela lutava e se esforçava para superar, para viver. Após algumas semanas no hospital, no entanto, os pais ouviram do médico que o quadro de saúde da filha era irreversível. Celso e Onélia, então, foram para casa aguardando o pior.

Aparecida, no hospital, seguia mostrando que não desistia facilmente, apresentava melhoras e surpreendia a todos, inclusive à equipe médica. Ah! Mas Onélia não acreditava nos médicos e, devota que era, chegava em casa e ajoelhava-se aos pés de Nossa Senhora, entregando-lhe a criança, pedindo pela sua recuperação. Após várias conversas de mãe para Mãe, Nossa Senhora atendeu ao pedido tão fervoroso de Onélia; e, ao visitar Aparecida no hospital, ela recebeu a notícia que encheria seu coração de amor e confirmaria sua fé: a filha reagia bem aos medicamentos experimentais. Uma renovação na esperança da família!

Dois meses foi o tempo que a pequenina precisou para mostrar a força que tinha dentro de si, a vontade de viver que já havia nascido com ela. Assim, ao fim de sessenta dias, Aparecida voltou para casa e recebeu o carinho de todos – além dos cuidados, mais do que necessários, para o seu completo restabelecimento. A mãe, sempre zelosa, não deixava esses cuidados a cargo de ninguém: ela mesma velava o sono da filha, dia e noite, até ter a certeza de que o pior havia passado. E, diante de tanto zelo e amor, a menina não podia crescer de outra forma senão forte e saudável.

Então, como toda criança saudável, a pequena Aparecida corria, brincava e saltava de um lado para o outro. Ralava um joelho aqui, um cotovelo ali, levava uma queda acolá. Numa dessas peraltices, ela decidiu que seria uma boa ideia escalar a cristaleira de sua casa para apanhar uma caixa de fósforos que estava na terceira prateleira. Ela tinha três anos e a curiosidade típica das crianças dessa idade. Ao descobrir-se sozinha na copa, aproveitou-se do momento em que não era supervisionada para aventurar-se cristaleira acima. É fácil deduzir que as prateleiras de vidro não suportariam o seu peso; e, dessa forma, elas despencaram sobre a pequenina, que ficou toda ensanguentada. Qual não foi o susto da mãe, que apressou-se em pegar a menina no colo e levá-la ao hospital. No pronto-socorro, foi estancado o sangramento e, no final daquele dia, a filha de Onélia voltou para casa com boa parte do corpo enfaixada.

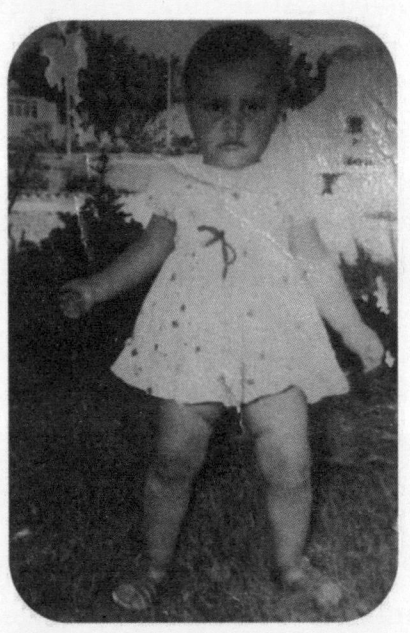

Aparecida, a caçulinha de Onélia, com 1 ano de idade

Capítulo 02
A fiel escudeira

Apesar de ter muitos irmãos, a diferença de idade os colocava em fases diferentes da vida. Enquanto Aparecida queria vivenciar brincadeiras infantis, suas irmãs já eram mocinhas. Assim, apesar de ser muito apegada a toda a família, a menina cresceu muito próxima da mãe – que sempre foi o maior amor de sua vida. Aparecida era apaixonada por ela, a ponto de tornar-se, desde menina, sua fiel defensora e sua melhor amiga.

Quando tinha apenas seis anos, a pequena curiosa ouviu sua mãe dizer que suspeitava de uma traição do marido. Furiosa, sua fiel escudeira se comprometeu a investigar e apurar se a traição estava acontecendo ou não. Tal qual um Sherlock Holmes à mineira, a menina encheu uma sacola com as melhores roupas da casa e partiu rumo à casa da possível amante. Bateu à porta e ofereceu as roupas, apresentando-se como vendedora.

Ela foi convidada a entrar, e até a sentar-se. Com a desculpa de que estava sem dinheiro, a anfitriã tentou dispensar a "vendedora" que, sem papas na língua, lhe respondeu: "Peça ao Celso, seu namorado, para pagar para você". Totalmente sem graça, a moçoila respondeu que era apenas amiga de Celso, que nunca haviam sido namorados. Com as roupas de volta na sacola, Aparecida retomou o caminho para casa e, assim que chegou, contou tudo à mãe, com riqueza de detalhes. Com uma preocupação genuína e pueril, a pequena tentou tranquilizar a mãe, dizendo que não existia nenhuma amante, que tudo havia sido um mal-entendido. Ao ouvir o relato de sua investigadora mirim, Onélia não teve outra reação senão olhar para o céu, suspirar e dizer: "Minha Nossa Senhora! Como você fez isso? Você não podia ter feito isso". A menina sorriu e respondeu, como se não fosse nada de mais: "Eu só queria te ajudar, mãezinha".

Aos sete anos, a família de Onélia adquiriu um novo sítio, lugar que a pequena taurina aproveitava ao máximo! Ela adorava brincar com os animais e passava horas no pomar, onde havia diversas árvores frutíferas; além do porão, que ela transformou em seu quarto de brinquedos. Naquela nova vizinhança, Aparecida conheceu sua primeira melhor amiga e elas se tornaram inseparáveis.

Aparecida recorda com carinho a generosidade de sua mãe, que estava sempre disposta a ajudar a quem quer que precisasse. Porém, se recorda também de que muitas vezes essa característica da mãe acabava colocando-a em situações desconfortáveis. Com o passar dos dias após a mudança para o sítio, uma vizinha começou a importunar a nova moradora, arrumando diariamente um pretexto para ir até a casa de Onélia e ficar de papo com Celso. Uma vez que ela chegava em sua casa, não desgrudava do marido. A situação foi ficando cada dia mais desconfortável, com a instalação de um crescente clima de desconfiança.

Onélia começou a perceber que a suposta amiga estava abusando de seu caráter gentil e acolhedor, de sua boa vontade, e, quando ela lhe pedia algo, era raro que devolvesse. A esposa de Celso, então, começou a perceber que a vizinha estava se excedendo, fato que não passou despercebido também por Aparecida.

Um belo dia, no final de uma sexta-feira, Aparecida brincava do lado de fora quando foi abordada pela vizinha falsa. Ela pediu que a menina levasse ao pai um recado: estava apaixonada por Celso, e queria conversar com ele! Mais que depressa, a menina correu para sua mãe e deu o recado a ela.

A decepção de Onélia era visível. Mantivera sua casa de portas abertas desde sua chegada no sítio, e não compreendia como aquilo podia estar acontecendo. Ela se perguntava: "Como assim, apaixonada pelo meu marido?". A insegurança fez morada na casa e, como Celso não colaborava, a esposa ficava cada dia mais insegura e com ciúmes. As brigas se tornaram constantes.

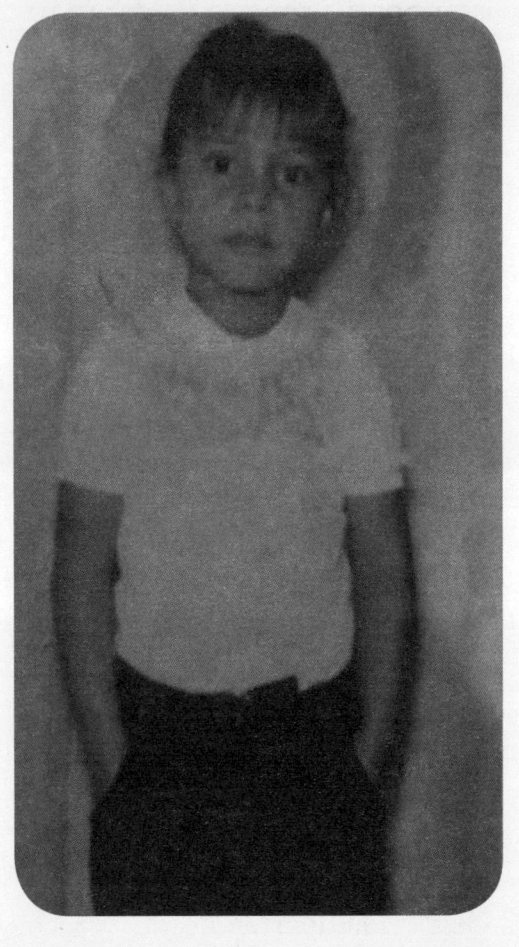

Capítulo 03
A camisa amarela

A família de Aparecida era grande: ela tinha três irmãs e dois irmãos. Com pesar, ela se recorda de não ter conhecido uma de suas irmãs do meio: Imaculada, que faleceu aos três meses de vida.

Na manhã de um domingo em março de 1988, Onélia acordou cedo e foi até o quarto dos filhos para ver se tudo estava bem, um hábito que ela tinha há muitos anos. Infelizmente, a cama de seu filho Hélio estava vazia, e no guarda-roupa do filho só havia uma antiga camisa amarela.

É importante lembrar um fato curioso a respeito da camisa amarela de Hélio, pois assim desvenda-se um pouco de sua personalidade altruísta, embora sua fuga talvez nos revele o contrário. Pode-se vir a pensar que Hélio fosse um rapaz egoísta por partir sem deixar notícias. Porém, o que a camisa amarela deixada para trás nos revela é que o jovem se preocupou com Itamar, seu irmão, que tinha uma camisa idêntica à dele. Na saída, para não correr o risco de levar a camisa do irmão, ele preferiu deixar a sua para trás. Ele se preocupara em não levar nada que de fato não lhe pertencesse.

A princípio, Onélia ficou confusa; ela não fazia ideia do que estava acontecendo, e acordou o filho mais novo para tentar descobrir onde estava Hélio. Assustado, Itamar também não sabia do paradeiro do irmão, e não o havia visto antes de se deitar. A mãe, preocupada, saiu em busca de informações, perguntando aos conhecidos se alguém tinha visto seu filho, e a resposta era sempre negativa. Aquele domingo foi de muita angústia.

Daquele momento em diante, a vida de Onélia se transformou em uma longa e dolorosa espera, sempre buscando por alguma informação do filho. A saudade só aumentava, assim como a preocupação, e um grande vazio se formou no seio da família. O olhar triste da mãe comovia a todos. Sempre cabisbaixa e com o pensamento distante, Onélia nunca deixava de lado seu terço, que a mantinha firme em constante oração.

Capítulo 04
O divórcio

Dois momentos importantes marcaram a história da família na contemporaneidade. Do século XIX até 1960, observa-se algumas coincidências entre a instituição do casamento e a atenção no relacionamento interpessoal.

Foi um período em que as necessidades não eram verbalizadas, a insatisfação na relação conjugal não era questionada. Até então, o homem era o único provedor, o responsável pelo dinheiro e sustento da família, e o lugar da mulher era em casa, cuidando dos filhos.

Após a década de 1960, um segundo momento se caracterizou para a família, "principalmente pela crítica ao modelo da 'mulher dona de casa', sob a pressão do movimento social das mulheres e do feminismo; pela desestabilização do casamento, com a instauração do divórcio por consentimento mútuo; e pelo crescimento da coabitação fora do casamento" (Singly, 2012, p. 130). Assim, os ex-cônjuges estariam livres para viver suas vidas e se casar novamente. Esses movimentos também lutaram bravamente para que a mulher pudesse ser inserida dignamente no mercado de trabalho.

Onélia vivia em um relacionamento que, hoje em dia, chamamos de abusivo. Embora àquela época ainda não se desse esse nome aos relacionamentos em que uma das partes traz prejuízo – de qualquer espécie – à outra, a mãe de Aparecida se descobriu nessa situação, e decidiu colocar um ponto final no relacionamento abusivo que vivera por vinte e sete anos. À época, era um grande tabu falar em divórcio ou separação, principalmente quando a decisão vinha da mulher. Mas Onélia não se intimidou pelo preconceito nem pela falta de recursos financeiros, menos ainda pela falta de apoio da família ou pela dependência afetiva.

Corajosa, a mãe de Aparecida se separou e obteve a guarda da filha. A pequena tinha doze anos, duas irmãs já casadas, e Itamar, seu irmão, passou a ajudar nas despesas da casa. Hélio continuava desaparecido. Então, a dupla Aparecida e Onélia, mãe e filha, amigas e companheiras, passou a fazer docinhos e salgadinhos por encomenda para cobrir as despesas da casa. Itamar juntou-se a elas, e os três tornaram-se inseparáveis.

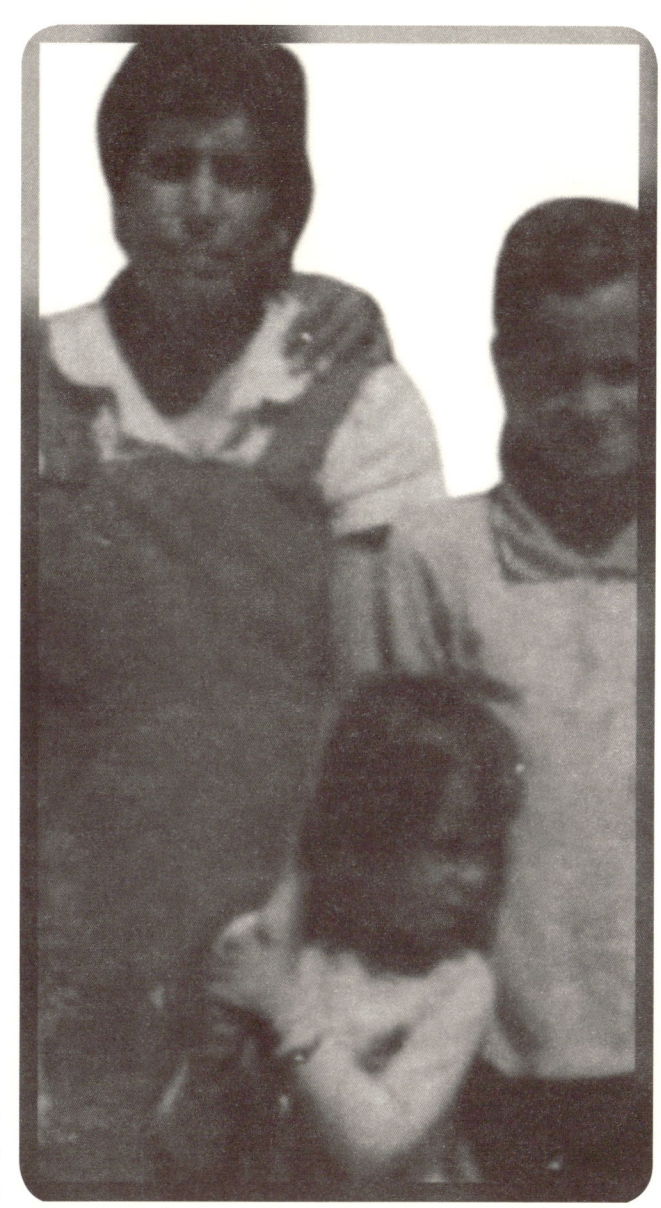

O trio Onélia, Aparecida e Itamar

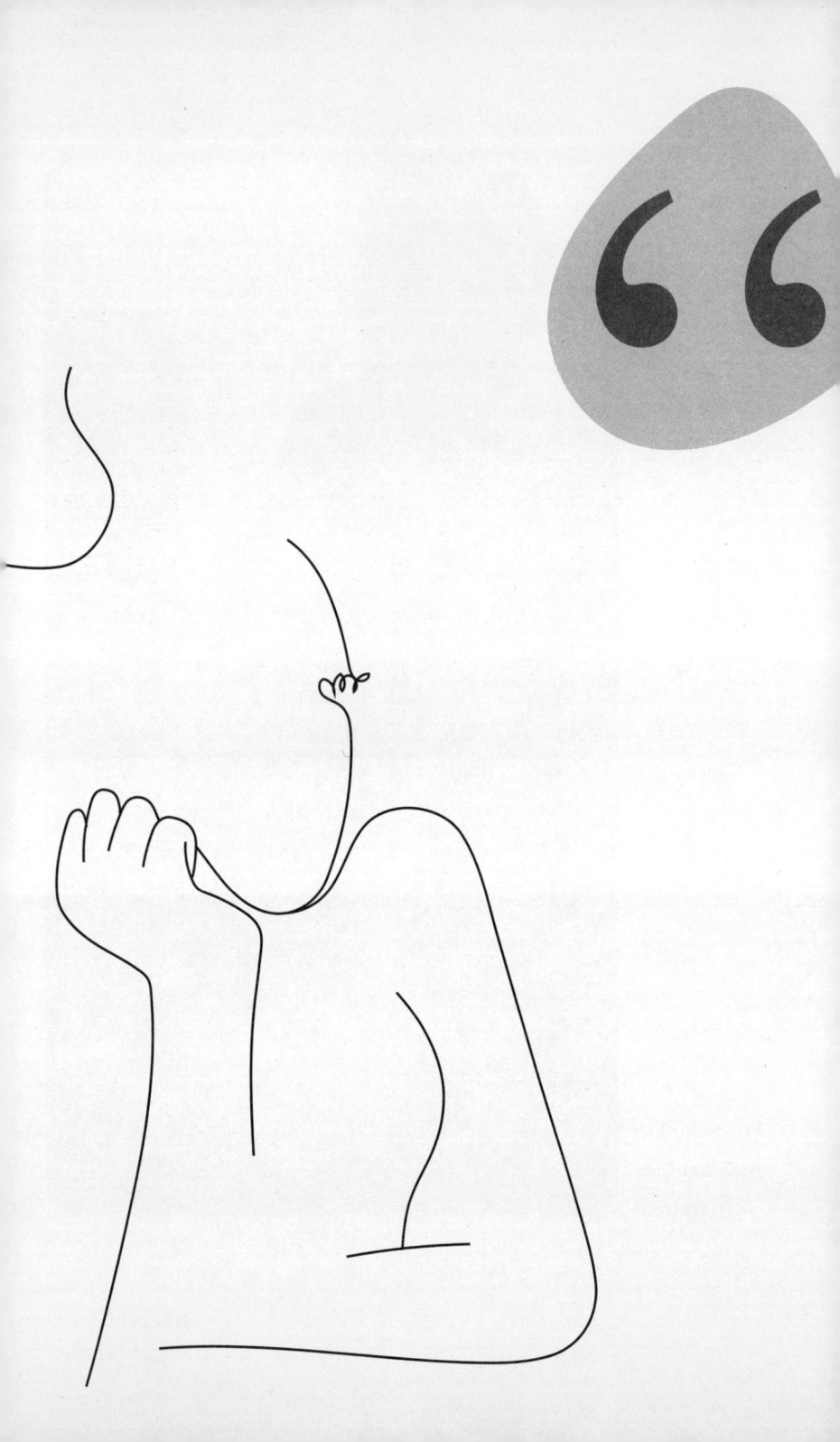

"

Capítulo 05
A experiência religiosa no convento

Naquele período, uma freira conhecida da família passou a visitar Onélia, sempre levando palavras de conforto. A religiosa era sempre muito educada e generosa; ela contava sobre sua devoção, e suas palavras encantavam Aparecida, sempre atenta aos seus ensinamentos. Até que um dia, em uma das visitas, a freira convidou a menina para conhecer o convento onde vivia, em Belo Horizonte. A jovenzinha ficou animada e muito feliz; já sua mãe sentiu um pequeno desconforto ao pensar que ficaria sem a filha por alguns dias.

No final daquele ano, quando tudo começava a se acalmar e as coisas pareciam estar em seus devidos lugares, Aparecida conseguiu convencer a mãe a permitir que ela fosse conhecer o colégio interno, ao qual a freira sempre se referia. Depois de ver a filha implorar muito, Onélia decidiu permitir a viagem da filha até a capital para passar alguns dias na casa da freira. Claro, não sem fazer muitas recomendações!

A jovem comprou sua passagem, fez sua mala e aguardou ansiosamente pelo momento de partir em sua primeira viagem sozinha. Quando chegou a hora de partir, a mãe lhe preparou um lanche e a acompanhou até a rodoviária, debulhando-se em lágrimas na despedida. Mas, antes disso, novas recomendações! O que são as mães, senão uma extensão de seus filhos? Aparecida ainda se recorda de pedir a bênção à mãe, subir no ônibus e acompanhar com o olhar o semblante triste de Onélia, que ficava para trás.

A viagem para a capital mineira durou aproximadamente oito horas e, ao desembarcar, Aparecida foi recebida por duas jovens do colégio que foram até o terminal rodoviário para recepcioná-la. Após as apresentações, pegaram a malinha de Aparecida; e seguiram juntas para o convento que ficava dentro do colégio interno, onde vivia sua amiga, a freira.

Aquele parecia um momento mágico na vida da jovenzinha, pois era sua primeira viagem sozinha. As ruas largas da capital, os carros, os sinais de trânsito, tudo a havia encantado. Já era fim de tarde quando as três chegaram ao convento e a visitante foi apresentada às irmãs, que lhe explicaram cuidadosamente as regras da casa. Logo a menina já estava em seu quarto, onde passaria os próximos dias, e se familiarizava com o ambiente e suas regras.

Atenta e muito esperta, Aparecida seguia as orientações como se, de fato, fosse uma das internas: acordava cedo com as irmãs para participar da Santa Missa, depois estudava a Bíblia Sagrada e tinha aulas de violão, etiqueta e bordado. Além disso, ela ajudava nas tarefas da casa, que era enorme.

O Natal vinha chegando a passos lentos e, no coração de Aparecida, a saudade de casa começava a apertar. Embora a menina sentisse o coração repleto de gratidão pela experiência e pelo carinho com que fora recebida, seu coração ansiava pelo retorno aos braços carinhosos da mãe. Assim, ela fez sua mala, comprou a passagem e partiu rumo ao colo de Onélia, que também esperava saudosa pelo retorno da filha.

Hoje, Aparecida se recorda carinhosamente da experiência religiosa, que tanto contribuiu para o engrandecimento de sua fé, que a colocou tão perto das coisas sagradas por ela admiradas, deixando gravado em seu coração cada ensinamento recebido naquele momento.

Algum tempo depois, a jovem conseguiu seu primeiro emprego de carteira assinada como auxiliar de saúde, o que trouxe muita alegria não somente a ela, mas à família. A união daquele trio – Onélia, Itamar e Aparecida – permanecia forte, união esta que seria fundamental para o enfrentamento de obstáculos que a vida traria em breve.

Aparecida, Onélia e Itamar

Capítulo 06
À espera de uma ligação

Já haviam se passado três anos desde a partida de Hélio, e desde então Onélia não tinha recebido notícias do filho. Até que, num dia comum, como todos os outros depois de seu desaparecimento, o filho fez uma ligação que encheu de esperanças o coração da mãe e de toda a família. Ouvir a voz de seu rapaz, que agora morava em São Paulo, amenizou o seu sofrimento; e, quando ele disse que estava bem e que passaria o Natal em casa, seu coração tornou-se radiante outra vez. Onélia, que havia perdido o brilho nos olhos, que não dormia uma noite sequer sem rezar por cada um de seus filhos, suspirou aliviada e passou a contar os dias para ter a família reunida outra vez.

Mãe zelosa, que gostava de aconchegar os filhos sob suas asas protetoras, Onélia já se organizava para preparar as guloseimas natalinas preferidas de cada uma das suas crianças, que agora já eram adultos – mas, para uma mãe, seus filhos nunca deixam de ser crianças. Com a chegada do Natal, ela foi para o fogão e, com o coração repleto de júbilo, se pôs a preparar os docinhos que cada filho gostava.

Às vésperas do Natal, o clima de felicidade e união reinava naquela casa; mas, infelizmente, o dia 25 chegou e Hélio não apareceu, conforme havia prometido. Toda a expectativa, a esperança e a alegria desapareceram do semblante daquela mãe, que só queria ver, mais uma vez, seus filhos juntos em sua casa. A tristeza se tornou visível também no rosto de cada um dos irmãos.

Outros cinco anos se passaram até a próxima ligação, na qual a voz de Hélio garantia à mãe que tudo estava bem, que o trabalho o consumia muito, mas que em breve teria tempo para visitar a família. A mãe pediu a ele um endereço e telefone, pois queria estreitar os laços, ouvir sua voz quando o coração pedisse; mas o filho disse que estava de mudança e prometeu ligar novamente quando tudo estivesse em ordem.

Lamentavelmente, não houve novas ligações. O contato, que já era escasso, definhou de vez, trazendo à família diversas suposições sobre o paradeiro do rapaz. A angústia, a preocupação e a tristeza cresciam no coração daquela mãe, que ansiava por novas notícias. Assim, oito anos se passaram sem uma notícia sequer, sufocando o coração da família e fomentando quase uma obsessão para saber o destino de Hélio. A família temia o pior!

Com alguns detalhes, Aparecida ainda se recorda do quarto de sua mãe. Uma mesinha de cabeceira com a imagem de Nossa Senhora Aparecida, aquela mesma que salvara a pequena da pneumonia. A santa agora ouvia um novo apelo: que trouxesse Hélio de volta para casa. Eram horas a fio rezando até tarde da noite, e Onélia não perdia a fé: continuava com seu terço nas mãos, pedindo à Mãe de todas as mães que lhe trouxesse seu filho são e salvo.

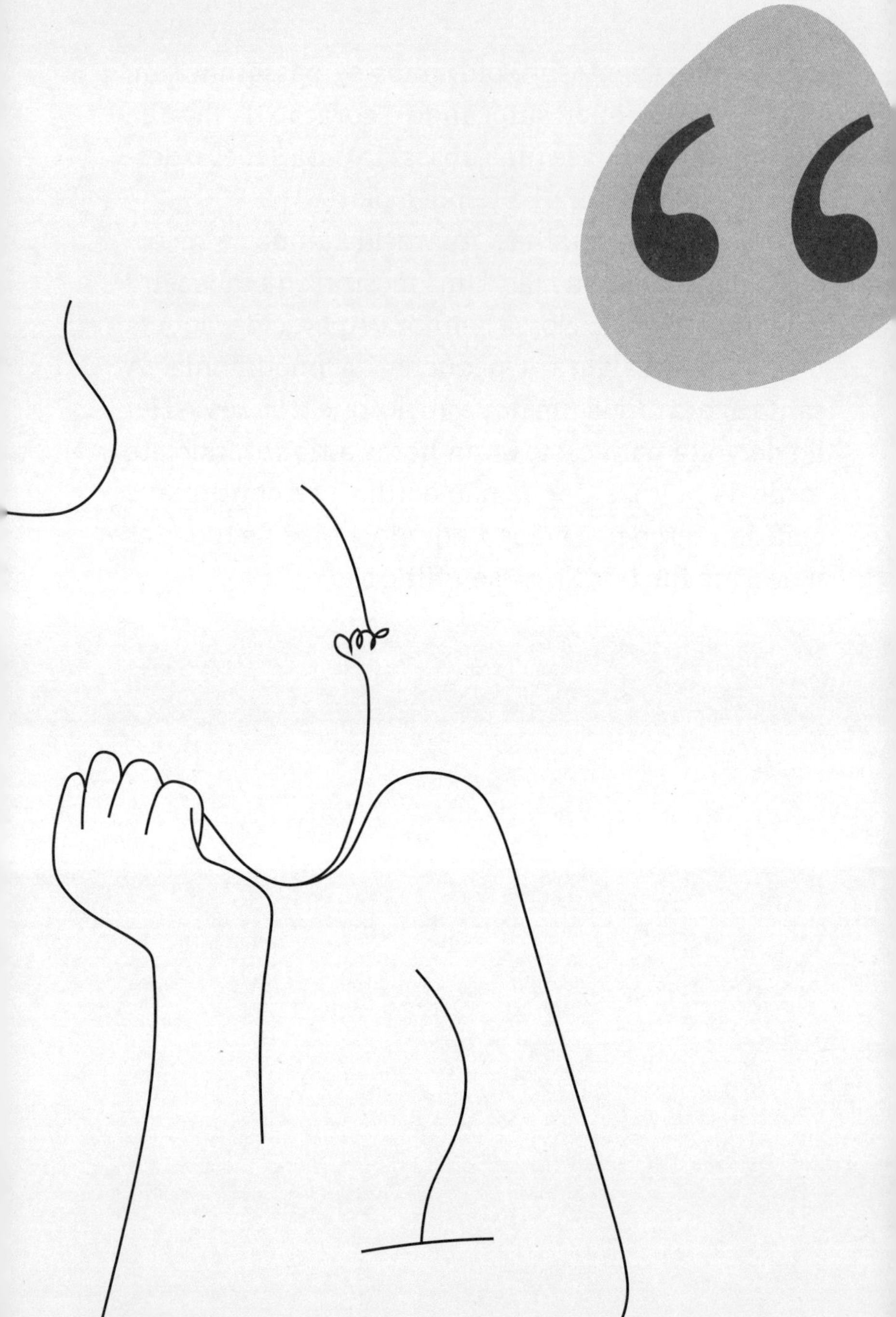

Capítulo 07
O bilhete no guardanapo

No dia 20 de maio de 1999, Aparecida comemorava seu aniversário em um restaurante com suas amigas. A chegada da nova idade, a alegria típica que vem da companhia daqueles com quem dividimos as conquistas, o riso fácil e o carinho dos que comemoram juntos o início de um novo ciclo e todas essas sensações que a jovem sentia eram conhecidas.

O que a aniversariante não poderia sequer imaginar quando saiu de casa para aquela comemoração era que aquele seria o dia em que conheceria o amor de sua vida. De longe, ela avistou um rapaz charmoso e percebeu que ele também a observava, mesmo que muito discretamente. Trocaram olhares ao longo da noite, até que Aparecida se dirigiu ao garçom enquanto pagava a conta e pediu uma caneta, escrevendo no guardanapo seu nome e telefone, pedindo a ele que entregasse ao rapaz.

Aquele bilhete num guardanapo com o número de seu telefone era o prenúncio de uma linda história de amor! Ao chegar em casa, o telefone estava tocando e a jovem o atendeu rapidamente. Após algumas palavras trocadas, no entanto, ela percebeu que havia algo de errado: aquele não parecia ser o rapaz com quem havia trocado olhares. O amor não se engana quando tem destino certo, e ela percebeu que o seu bilhete tinha ido parar nas mãos do rapaz errado. Mas nada disso foi suficiente para impedir aquele acontecimento: o rapaz ao telefone compreendeu o equívoco, e entregou o bilhete ao destinatário certo. O rapaz, cujo corte de cabelo havia ficado gravado na memória de Aparecida, telefonou na noite seguinte: com uma voz bonita e uma educação primorosa, disse que se chamava Julio. A conversa durou quase duas horas, e os dois perceberam que tinham muitas afinidades. Desse modo, ele prometeu ligar novamente no dia seguinte. E ligou.

No horário combinado, o telefone tocou e os dois se entregaram a uma longa e agradável conversa: os assuntos eram intermináveis! Por fim, como deveria ser, marcaram o primeiro encontro. O rapaz charmoso, educado e pontual conquistava o coração de Aparecida com sua atenção e gentileza, abrindo a porta do carro para que ela entrasse, colocando carinhosamente a música "Have You Ever Really Loved a Woman?", de Bryan Adams, no som do carro para embalar aquele momento.

Foram a um lugar aconchegante para jantar, e como não mencionar o beijo que Julio tentou ganhar ao levá-la de volta para casa? No entanto, para ela ainda era cedo, e não foi no primeiro encontro que ele conseguiu aquele esperado beijo; mas nem por isso desanimou. Na manhã seguinte, ligou para desejar um bom-dia e já marcou o segundo encontro. Então, tiveram o terceiro, o quarto, o quinto encontro e, desde então, nunca mais deixaram de se encontrar.

O coração da moça foi sendo conquistado como um território valioso: ela recebia flores, chocolates, cartões e declarações de amor com frequência. Ela guarda todos os cartões até hoje, e lembra-se carinhosamente da mensagem que havia no primeiro deles: "Sou feliz por você estar comigo e fazer com que cada dia seja um dia especial, não só pelo que você é, mas pelo que eu sou quando estou com você. Te amo demais!". Era amor e, semelhante ao que lemos, assistimos ou presenciamos, a admiração e a vontade de estarem juntos crescia entre eles.

O namoro a distância durou um ano; os dois trocavam cartinhas e Julio viajava cerca de 500 quilômetros todo final de semana para encontrar a amada.

> Diana
> Sou feliz por
> você estar
> comigo e fazer
> com que cada dia
> seja um dia
> especial, não só
> pelo que você é,
> mas pelo que eu
> sou quando
> estou com você.
>
> TE AMO DEMAIS !

Primeiro cartão de namoro

Capítulo 08
Nós dois no altar

O casamento aconteceu exatamente um ano depois, no dia 20 de maio de 2000, quando os dois subiram ao altar. Aparecida se mudou para a cidade de Julio, no estado do Rio de Janeiro, onde os dois passaram a viver juntos. Ela sentia muita saudade de sua mãe e a visitava com frequência; mas, sempre que Onélia podia, viajava para passar alguns dias na casa da filha. E assim Aparecida e Julio seguiam construindo sua família, na companhia de uma saudosa Cocker Spaniel que o casal adotou.

Aparecida foi se adaptando ao novo estilo de vida: concluiu sua graduação em Pedagogia, e depois solicitou reingresso na faculdade para cursar Odontologia. Apesar de a bolsa de estudos ser uma grande motivação, ela não se identificou com o curso, pois desde menina tinha medo de agulha, mas recorda-se de ter feito sua primeira experimentação cirúrgica no curso em um camundongo.

Já no final do segundo período de Odontologia, Aparecida decidiu trancar sua matrícula para realizar seu sonho de adolescente: ser psicóloga, pois sempre havia sido a ouvinte e conselheira das amigas. Novamente, pediu reingresso na faculdade, mas dessa vez iria estudar em outra cidade, e teria de enfrentar uma viagem de quase duas horas para estudar. Ainda assim, ela estava disposta. Logo no início, se encantou pelo curso de Psicologia: os estudos ampliaram sua visão sobre o comportamento humano e aumentaram seu desejo de conhecer os mistérios da mente. Hoje, ainda se recorda do ritmo acelerado em que vivia, dividindo seu tempo entre a família, a casa, o trabalho, a academia, a faculdade e a viagem, que durava horas, além da dedicação aos estudos, pois era bolsista e precisava manter suas notas dentro da média. A menina havia crescido: agora era uma mulher interessada nos segredos da mente humana.

Capítulo 09
Os sonhos

Para muito além da preocupação com o comportamento humano, Aparecida sempre teve um respeito muito grande pelo lado inconsciente da mente, respeitando e acolhendo os sonhos que a visitavam com frequência. Desde nova, a jovem tinha sonhos que chamavam sua atenção, despertando nela momentos de reflexões, além da tentativa de interpretá-los.

Quando ainda era pequena, sem compreender aqueles fenômenos, era comum que ela se sentasse à mesa do café, reflexiva, e dividisse com sua mãe os detalhes dos sonhos da noite anterior. Onélia a orientava a prestar mais atenção neles, dizendo que eram sinais importantes.

Aos doze anos, porém, ela se tornou ainda mais atenta às mensagens que os sonhos traziam. O motivo? Certa noite, ela sonhou que se despedia de seu querido avô e, infelizmente, três dias depois ela realmente veio a despedir-se dele. O avô, que estava aparentemente bem de saúde, teve um mal súbito e veio a falecer. Outros sonhos também marcaram sua adolescência, mas dois momentos foram estranhamente marcantes: um sonho que teve com a avó, e um outro com seu primo, ambos muito reais. Já mulher feita, outro sonho marcou sua memória para sempre: Onélia, sua mãe, dizia estar cansada, muito cansada, e que iria para casa descansar. O mais marcante nesse sonho é que ele ocorreu na noite anterior à partida de sua mãe, que lutava contra um câncer. Naquela manhã, Aparecida acordou com o coração apertado, pressentindo que seria um dia de despedida.

Em outubro de 2005, Aparecida teve uma sequência de sonhos e, neles, ela estava em São Paulo. Durante uma semana inteira, ela compartilhou aqueles sonhos com seu esposo, à mesa do café, tentando encontrar neles um sinal de algo que estava por vir. Além de estar em São Paulo, ela também estava no hospital e dava entrevistas, aparecia na TV e conversava com autoridades. Mas o detalhe mais curioso de tudo isso era que ela abraçava seu irmão Hélio, depois de tantos anos. Um mês depois, o sonho se tornou realidade.

Aparecida se recorda de que esses sonhos foram de grande ajuda quando, de fato, ela esteve na capital paulista, pois era como reviver uma situação, como a sensação de revisitar um momento já vivido. Aquilo a havia fortalecido, de forma que conseguiu passar por aqueles momentos com resiliência e uma boa dose de serenidade.

Desde então, os fenômenos que a jovem já encarava com respeito se tornaram sagrados, como se fossem mesmo um canal de comunicação. Com a maturidade, ela percebeu e afirma, ainda hoje, estar mais sensível a esses sinais e conseguir interpretá-los com mais facilidade, tarefa não muito fácil quando ela era mais nova.

Hoje, ela vê os sonhos como mensagens divinas, que vêm para auxiliá-la, orientá-la e protegê-la, trazendo sabedoria para a tomada de decisões e, por fim, livrando-a de muitas situações difíceis e até perigosas. A certeza disso veio quando ela sonhou que passava pela Via Expressa e, de repente, começou um tiroteio, uma situação desesperadora para quem passava pelo local naquele momento. Pela manhã, sentindo o prenúncio, Aparecida decidiu não passar pelo caminho e remarcou seus pacientes, fechando sua agenda do consultório na Barra da Tijuca, já que em seu trajeto estava a Via Expressa. À noite, então, o Jornal Nacional exibiu imagens do desespero dos motoristas que trafegavam justamente por aquele local, na Linha Vermelha, onde havia acontecido um grande tiroteio no final do dia. Tudo aconteceu justamente no horário em que a jovem estaria voltando para casa após o trabalho.

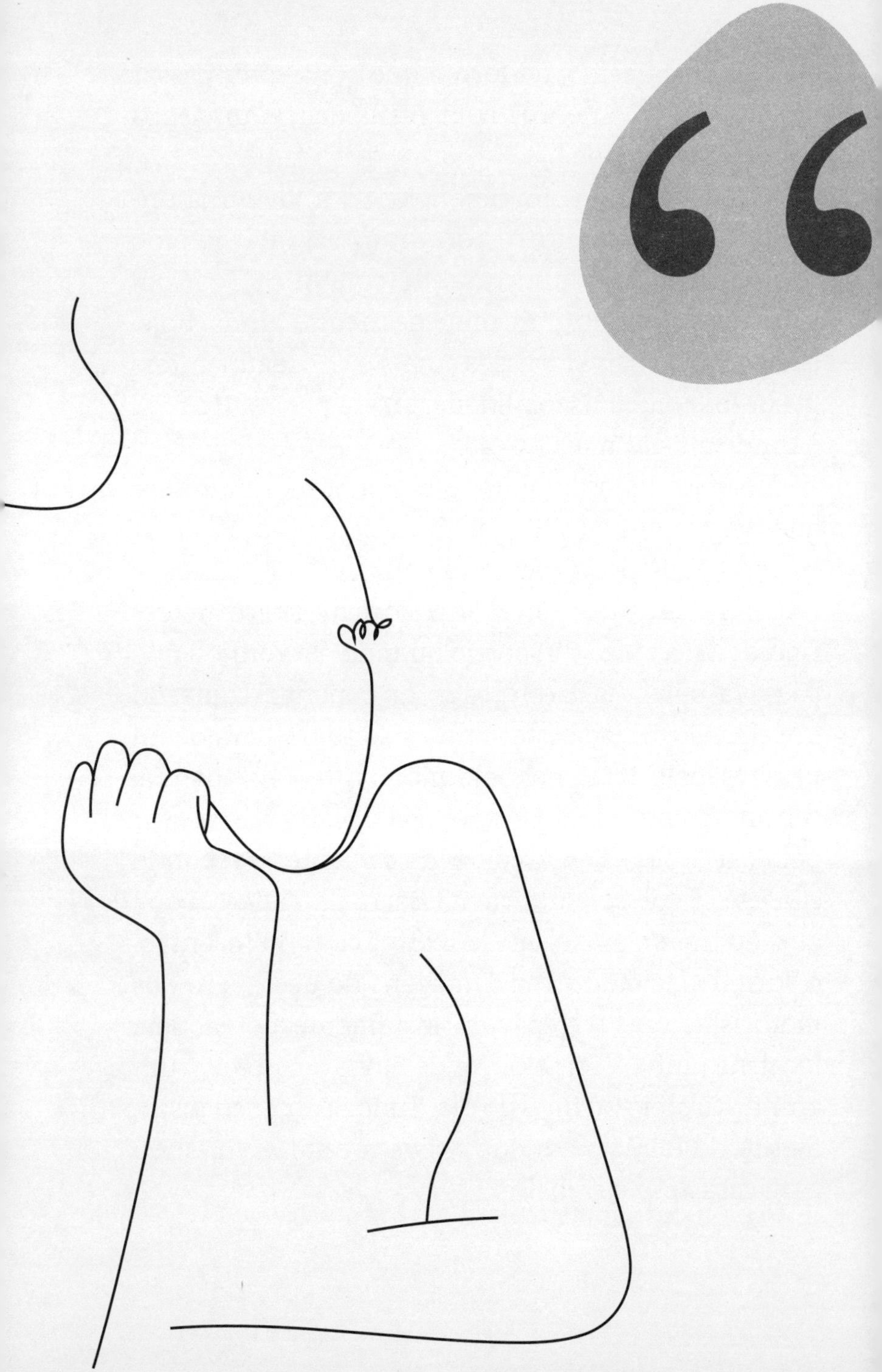

Capítulo 10
Afinando a intuição

Foi assim que, após a semana de sonhos sobre estar em São Paulo, ela chegou em casa e recebeu de Julio, seu esposo, o recado da mãe. O coração da jovem se agitou, como se soubesse que era algo de muita importância e urgência. Dentro de si, Aparecida sentia a intuição guiá-la; sabia que Onélia havia saído à noite, sozinha, e caminhado até a casa de Itamar para usar seu telefone, já que naquela época ainda não tinha um em casa. A mãe estava ansiosa para falar com a filha sobre algo que havia visto no Jornal Nacional. Como se seus corações batessem em uníssono, as duas estavam conectadas ao que estava por vir, às surpresas que a notícia traria à família.

O noticiário trouxera a informação de que havia um paciente internado num hospital em São Paulo, em coma, sem identificação, e Onélia tinha certeza de que se tratava de seu filho Hélio. A mãe, com o coração nas mãos, pediu que a filha procurasse pela notícia na internet sobre aquele assunto. O rapaz internado havia sido vítima de um atropelamento e estava há três meses na UTI.

Ao ouvir a voz da mãe, Aparecida notou que o instinto materno falava alto naquele momento e que, apesar de o paciente estar sem identificação e muito debilitado, o coração de Onélia dizia com muita convicção que aquele era seu filho; e ela o ouvia, dizendo que alguém da família deveria ir até o hospital para reconhecer o rapaz. A esperança que aquela notícia despertava no coração da mãe foi apenas mais um motivo para que sua filha se lembrasse dos sonhos, afinasse sua intuição e se preparasse para começar a busca.

Após algumas horas procurando na internet e fazendo ligações para o hospital, Aparecida não conseguiu descobrir nada além do fato de que o rapaz era um homem branco de 1,80m de altura. Onélia, não suportando mais a espera, pediu que a filha viajasse até São Paulo; e, como não podia deixar de ser, seu pedido foi atendido imediatamente.

Aparecida e Onélia, último natal juntas em 25 de dezembro de 2009

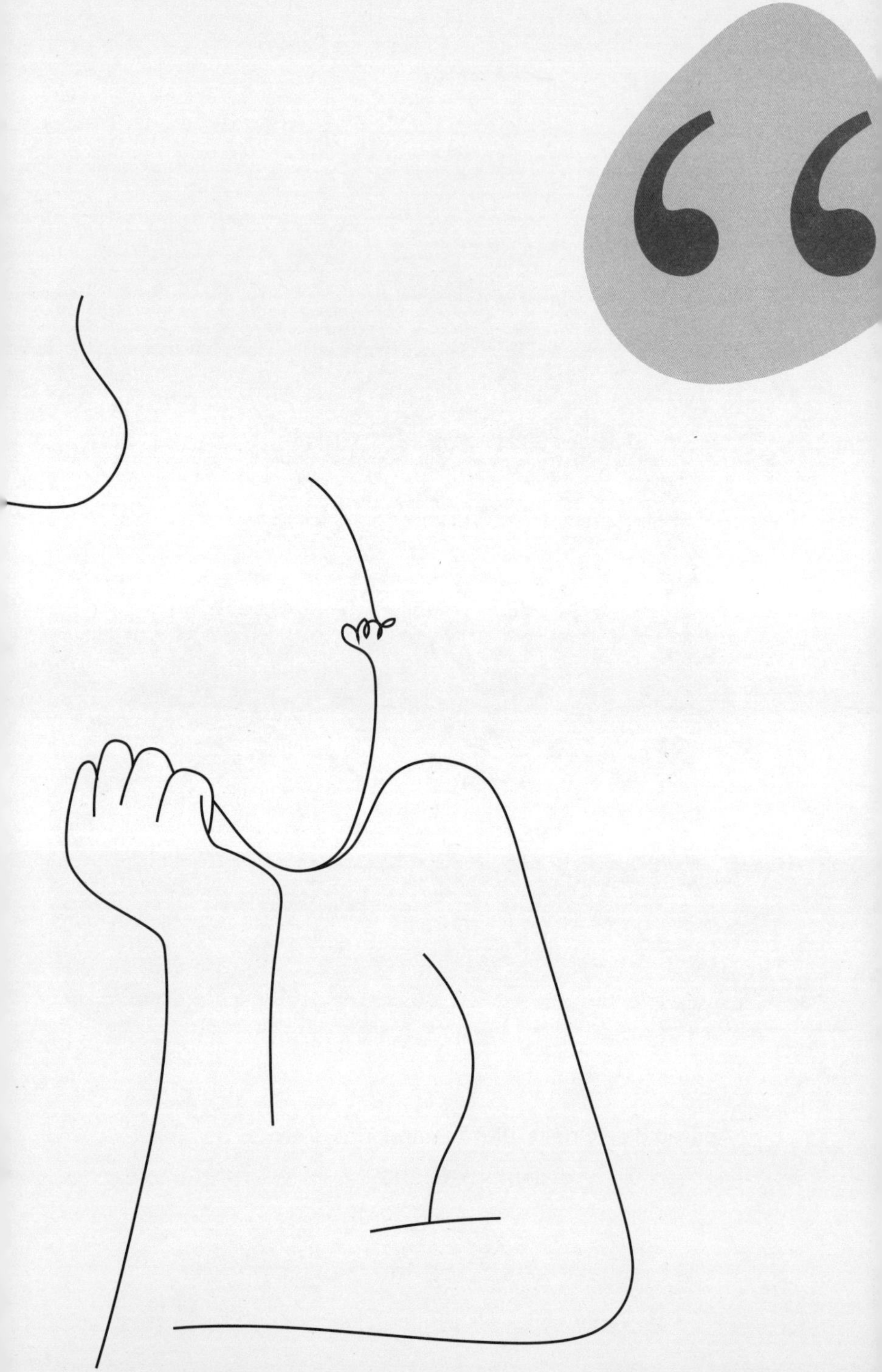

Capítulo 11
O reencontro

De passagem na mão, Aparecida partiu rumo ao hospital. Às cinco da manhã estava na recepção, identificando-se como possível irmã do paciente. Ela ficou ali, aguardando a liberação para entrar no quarto. Ainda emocionada, Aparecida se recorda do segurança que a acolheu e, mesmo antes de ter certeza, afirmou: "Você é a irmã dele, se parece muito com o paciente!".

Enquanto aguardava, ela conheceu famílias que buscavam por pessoas desaparecidas; que estavam ali, assim como ela, na esperança de reencontrar alguém que havia se perdido, um ente querido.

Eram aproximadamente dez horas da manhã quando Aparecida entrou no quarto, acompanhada da equipe médica responsável pelo caso. Ao colocar seus olhos naquele rapaz, que estava entubado, ela não teve mais dúvidas: era seu irmão. Ela se aproximou e o tocou, dizendo baixinho em seu ouvido: "Helinho! Helinho! Aqui é a Dinha, sua irmã, você se lembra de mim?". "Para espanto de médicos e enfermeiras, uma lágrima escorreu pelo rosto do paciente em coma. A pedagoga Aparecida, de 27 anos, sentiu um calafrio e não teve mais dúvidas. Aquele era o seu irmão", escreveu o jornal Folha de Londrina[1].

As famílias que Aparecida conheceu enquanto aguardava sua vez de entrar no quarto ainda estavam no local quando a assistente social informou que o paciente era mesmo o seu irmão desaparecido. Apesar da tristeza de não encontrarem quem procuravam, aquelas pessoas se emocionaram com a notícia, pois saber que aquele rapaz havia encontrado sua família, que agora ele receberia o cuidado e o amor de seus familiares e amigos, encheu a todos de esperança.

Naquele instante, Hélio deixou o coma profundo, passando para o superficial, e Aparecida imediatamente ligou para sua mãe para transmitir a notícia. Em Minas Gerais, Onélia recebeu a informação muito emocionada, chorando e agradecendo à Nossa Senhora por ter encontrado seu filho. Ao mesmo

---

[1] Paciente em coma é identificado por irmã. Disponível em: https://www.folhadelondrina.com.br/geral/paciente-em-coma-e-identificado-por-irma-547916.html. Acesso em: 10 nov. 2022.

tempo, se preparava para viajar e reencontrar seu menino depois de dezessete anos.

    Horas depois da ligação da filha, Onélia, Celso e mais dois filhos embarcavam para São Paulo para reencontrar Hélio. Ao longo da viagem, Celso demonstrou preocupação com a mãe de seus filhos, tratando-a com carinho. Aquela era a primeira vez que os dois permaneciam na companhia um do outro após o divórcio; e, de fato, foram muitas horas juntos. Quando se encontraram com Hélio no hospital, um rio de emoção desaguou sobre eles. Era como se eles, Celso e Onélia, pudessem respirar de verdade, absorvendo todo o ar e o deixando ir em seguida, pois haviam reencontrado a parte que lhes faltara durante tantos anos: o seu filho.

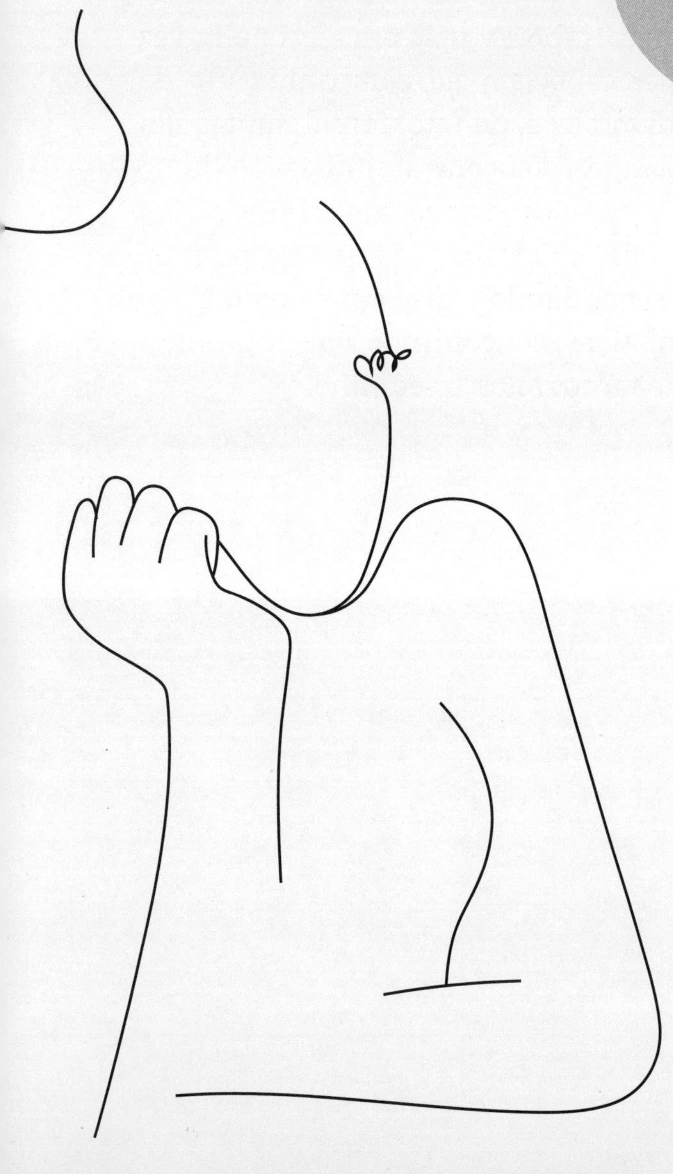

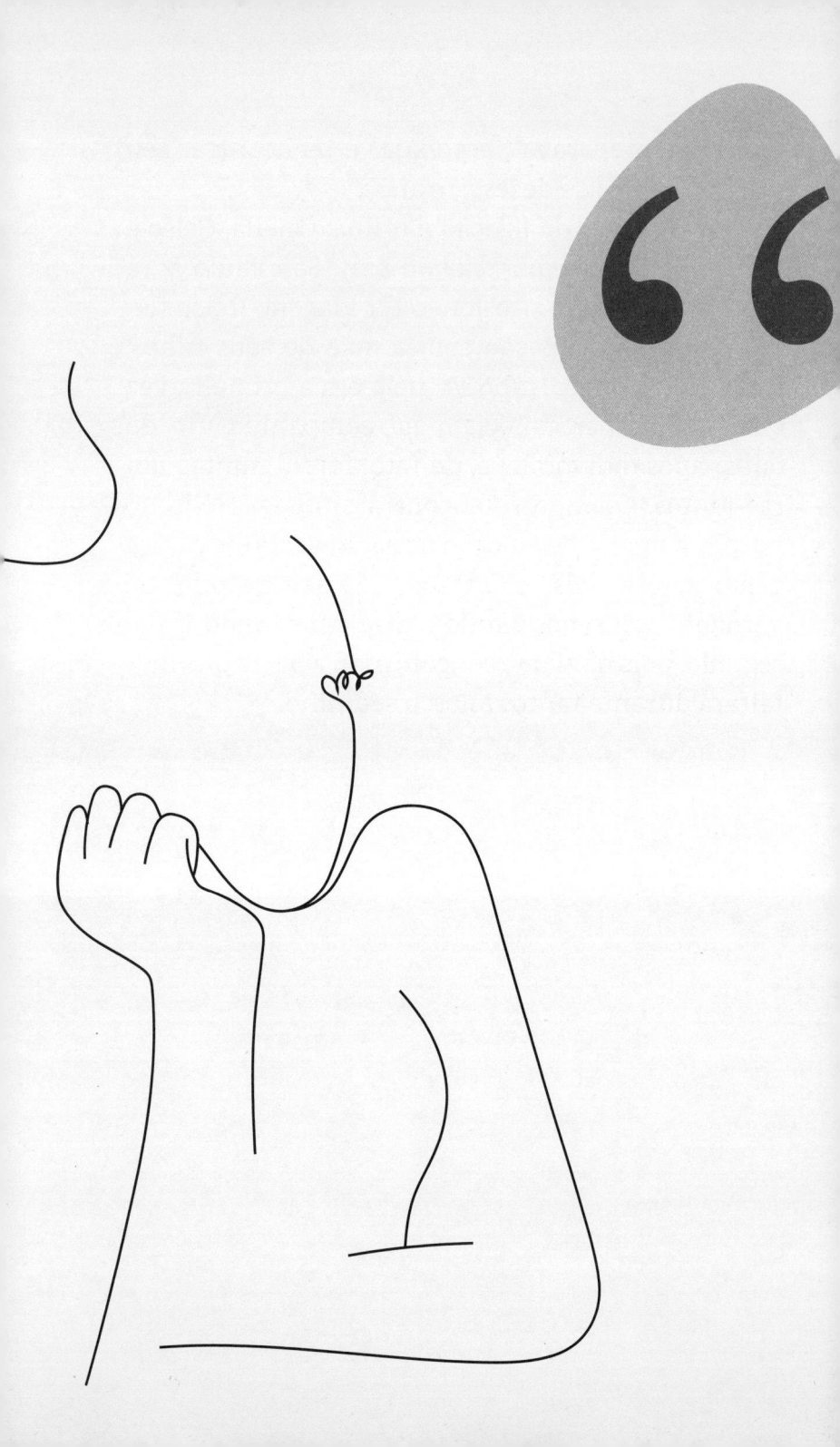

Capítulo 12
De volta à vida

O quadro de saúde de Hélio era bastante delicado, e naquele momento não era possível transferi-lo para Minas, pois ele ainda necessitava de cuidados especiais. Aparecida seguiu no hospital acompanhando a recuperação do irmão, enquanto seus pais voltaram para Minas, onde aguardavam a chegada do filho. Hélio permaneceu internado por mais quarenta e dois dias em São Paulo, até o seu quadro de saúde se estabilizasse e, assim, ele pudesse ser transferido para um hospital próximo de onde a sua família morava.

Aparecida ainda se lembra com emoção dos dias em que esteve ao lado de Hélio no hospital, aguardando seu restabelecimento. Ela vibrava emocionada a cada pequena evolução, a cada pequeno movimento em direção à sua recuperação. Cada gesto, cada movimento recuperado era comemorado com uma prece de agradecimento. Com o coração cheio de gratidão, a irmã observava Hélio ganhando vida.

Na coletiva de imprensa, na qual a jovem conversou com alguns jornalistas sobre a identificação e o reencontro com Hélio, ela se sentiu a todo momento amparada pela direção do hospital; além disso, os jornalistas foram sensíveis com a situação, e em momento algum a família teve sua privacidade invadida em busca de informações.

Quando a transferência do irmão foi autorizada, Aparecida estava ao seu lado. Na sua despedida, lágrimas escorriam pelo rosto dos que ali estavam; afinal, foram cincos meses de uma internação que comoveu muitas pessoas, pois era um paciente com poucas chances de sobreviver. Por tudo isso, a equipe de saúde desenvolveu um laço afetivo com o paciente, e Hélio recebeu o carinho e a oração de todos que passaram pelo setor. A imagem do rapaz permaneceu na memória e no coração de muitos que cuidaram dele – sentimento que era recíproco, já que Hélio e sua família jamais poderiam esquecer o carinho e o cuidado daquela equipe.

No dia 17 de dezembro, às 5 horas da manhã, o paciente que deu entrada na emergência como desconhecido no mês de agosto se preparava para deixar a capital paulista em direção a Minas Gerais, mas desta vez com sua identidade completa. A despedida foi repleta de recomendações e desejos de boa recuperação e, com o paciente bem acomodado na UTI móvel, só faltava agradecer mais uma vez aos anjos da equipe de saúde. Feito isso, eles entraram no veículo, apertaram o cinto de segurança e partiram.

A viagem foi cheia de desafios. Com a falta de oxigênio no caminho, tendo de fazer diversas paradas para encher o cilindro, Aparecida recorda emocionada que, ainda na estrada, na metade da viagem, longe de qualquer recurso, o oxigênio havia acabado novamente e o motorista acelerou o veículo. Ao passarem por uma cidade, ligou a sirene e disparou em direção ao hospital mais próximo. Durante o trajeto, Hélio olhava nos olhos da irmã, como se estivesse prestes a dar seu último suspiro, dizendo: "Não vou aguentar, não vou conseguir".

A jovem segurava a mão do irmão e dizia: "Meu irmão, aguenta mais um pouquinho! Estamos chegando! Estamos chegando! Aguenta só mais um pouquinho". E, assim, eles conseguiram chegar ao hospital mais próximo e recarregar o cilindro para seguir viagem. Aparecida conta que as cenas da viagem ficaram no seu subconsciente por muito tempo; e que, sempre que ouvia uma sirene de ambulância, era como se ela revivesse aqueles momentos de desespero.

Àquela época, Aparecida chegou a pensar que estivesse sofrendo de Transtorno de Estresse Pós-Traumático (TEPT). Segundo o DSM-IV (2002), "esse transtorno é caracterizado pela revivência de um evento traumático, acompanhada por sintomas de excitação aumentada e esquiva de estímulos associados com o trauma. A característica essencial do Transtorno de Estresse Pós-Traumático é o desenvolvimento de sintomas característicos após a exposição a um evento estressor traumático extremo, envolvendo a experiência pessoal direta em um evento real ou ameaçador que envolve morte, sério ferimento ou outra ameaça à própria integridade física; ter testemunhado um evento que envolve morte, ferimentos ou ameaça à integridade física de outra pessoa; ou o conhecimento sobre morte violenta ou inesperada, ferimento sério ou ameaça de morte ou ferimentos experimentados por um membro da família ou outra pessoa em estreita associação com o indivíduo.

O evento traumático pode ser vivido de várias maneiras. Geralmente, a pessoa tem recordações recorrentes e intrusivas do evento ou sonhos aflitivos recorrentes, durante os quais o evento é reencenado. Em casos raros, a pessoa experimenta estados dissociativos que duram de alguns segundos a várias horas, ou mesmo dias, durante os quais os componentes do evento são revividos e a pessoa comporta-se como se o revivesse naquele instante. Estes episódios, que muitas vezes chamamos de flashbacks, são tipicamente breves, mas podem estar associados a sofrimentos prolongados e estimulação aumentada" (Manual Diagnóstico e Estatístico de Transtornos Mentais, 2002, p. 449).

Capítulo 13
Enquanto era examinada

A vida seguia seu curso normalmente quando, em 2006, Aparecida sentiu uma forte contração muscular na região da virilha ao praticar seu exercício matinal. Essa forte dor fez com que ela interrompesse sua série imediatamente. Ao chegar em casa, colocou gelo no local; mas, ao tocar aquela região, percebeu que havia algo de incomum. Havia muitos caroços, e ela sentiu que precisava ir ao médico.

Como não conhecia nenhum profissional na cidade de Teresópolis, onde morava, foi em busca de indicações. Assim, uma pessoa da família indicou seu próprio médico, que julgava confiável, e Aparecida prontamente marcou uma consulta. Bastante preocupada, ela foi ao consultório, onde a secretaria fez seu cadastro e pediu que aguardasse até que fosse sua vez.

Na recepção, aguardou até que o médico, um senhor branco, de cabelos meio grisalhos e aproximadamente 1,60m de altura, chamou seu nome de forma autoritária enquanto franzia a testa. Já dentro da sala, ela explicou o motivo de sua preocupação e, ao fim de sua explicação, o doutor pediu que ela se deitasse na maca para examiná-la. Ele constatou que, de fato, existiam vários caroços, que na verdade eram gânglios aumentados e estavam também espalhados pelas axilas e pescoço, então o médico solicitou vários exames para entender o que estava acontecendo.

Prontamente, a paciente saiu do consultório e fez todos os exames, voltando o quanto antes para apresentar os resultados ao profissional. Para seu alívio, não havia nada de maligno nos resultados, e o médico apenas recomendou que ela retornasse dentro de três meses para que ele acompanhasse de perto a evolução daqueles gânglios. Ainda um pouco incomodada com os gânglios que aumentavam e doíam, Aparecida tentou retomar sua rotina, evitando pensar de forma negativa.

O dia de retorno da consulta chegou, e novamente ela foi examinada. Novos gânglios foram encontrados, mas desta vez o doutor não pediu exames, apenas solicitou que ela retornasse para outra avaliação, no prazo de sessenta dias. Aparecida fez o que o médico pediu, deixando agendado seu retorno no prazo orientado – embora não conseguisse retomar a serenidade de antes, pois a situação ainda se mostrava preocupante. Ela se empenhava em pensar positivamente, mas, ainda assim, o medo de que aquilo fosse algum processo inflamatório grave a tomava constantemente.

Dois meses se passaram, e não se pode dizer que foram tranquilos, já que não se pode simplesmente desligar-se da dor e de algo que ameaça nossa saúde. Na consulta de retorno, Aparecida percebeu que o médico agia de modo estranho, como se estivesse nervoso. Já deitada na maca enquanto era examinada, ouviu, incrédula, o doutor perguntar: "Aparecida, me fale três coisas que você gostaria de fazer, mas não faz por falta de coragem".

A princípio, sem compreender muito bem do que se tratava aquela pergunta, ela manteve silêncio. Mas alguns segundos se passaram, e o médico insistiu: "Você não vai responder minha pergunta?". A paciente, confusa, pediu desculpas e disse que não havia compreendido a pergunta, ao que ele repetiu: "Me fale três coisas que você gostaria de fazer, mas não faz por falta de coragem".

Ainda confusa, sem compreender o que estava acontecendo, continuou em silêncio. Sentindo-se intimidada pelo profissional, levantou-se da maca um pouco tonta e sentou-se na cadeira, enquanto o doutor fazia sua prescrição. Porém, no momento em que ela se dirigia à porta, o médico caminhou em sua direção e a puxou pelo braço, tentando beijá-la. Ele usou a frase mais estupida que ela já ouvira na vida: "Deixa eu te ajudar".

Apavorada, chorando, ela saiu do consultório, pegou o carro no estacionamento e foi para sua casa aos prantos, sem conseguir acreditar, sem digerir o que acabara de acontecer. Após três meses isolada em casa, com uma profunda angústia, sentindo fortes dores de cabeça, com tontura e náuseas, ela procurou uma neurologista. Passou por vários exames de imagem e, apesar de não ter sido encontrada nenhuma anomalia, a médica pediu que Aparecida buscasse ajuda para poder desabafar, pois suas dores eram de origem emocional.

As dores de origem emocional geram sintomas físicos quando ultrapassam o limite de compreensão da mente. Desse modo, diversos sintomas e doenças podem ser desenvolvidos no corpo, dentro de um processo chamado de somatização.

Naquele momento, a jovem procurou sua melhor amiga e desabafou.

Ao contar o que havia acontecido, pela primeira vez ela ouviu que o médico havia cometido um crime de assédio. Sua amiga a aconselhou a procurar ajuda de um profissional da justiça. A Lei 10.224/2001 define o crime de assédio sexual como ato de "constranger alguém com o intuito de obter vantagem ou favorecimento sexual, prevalecendo-se o agente da sua condição de superior hierárquico ou ascendência inerentes ao exercício de emprego, cargo ou função".

Sua confidente, muito generosa, se prontificou a ajudar, colocando-a em contato com o seu advogado. Aparecida recorda que sua doce amiga teve um papel muito importante em sua vida, pois foi a partir desse desabafo que ela criou forças para contar o que tinha acontecido para a família e, posteriormente, para o advogado. Além da amiga, que infelizmente veio a falecer em um acidente de carro pouco tempo depois, Aparecida recebeu também o apoio de Julio, que não mediu esforços para ampará-la naquele momento. Após uma longa conversa com seu marido e com o advogado, Aparecida decidiu não processar o médico.

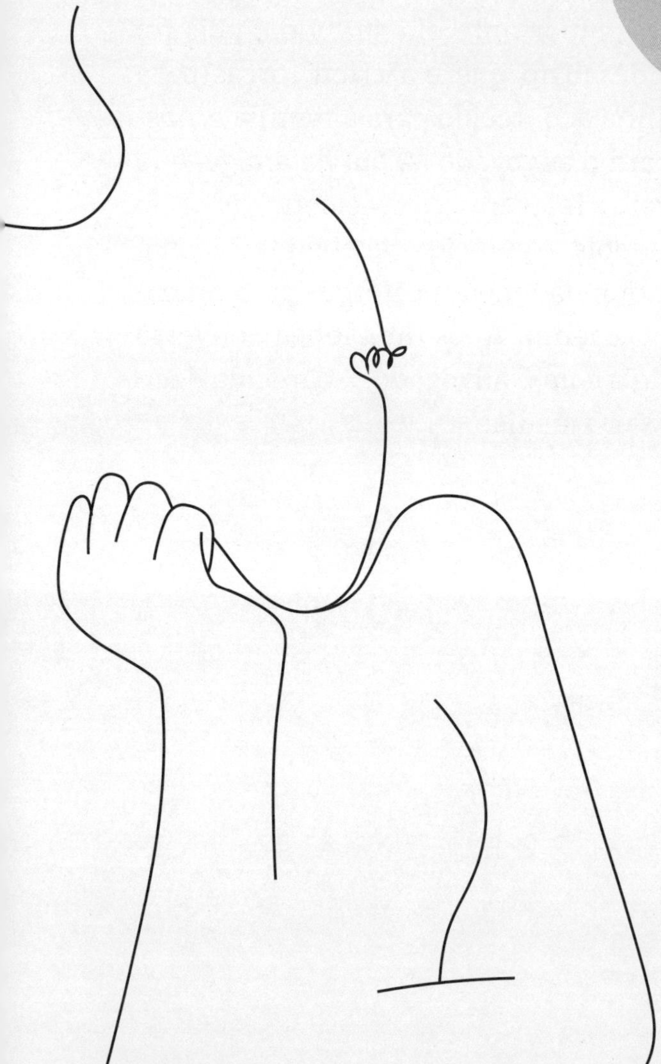

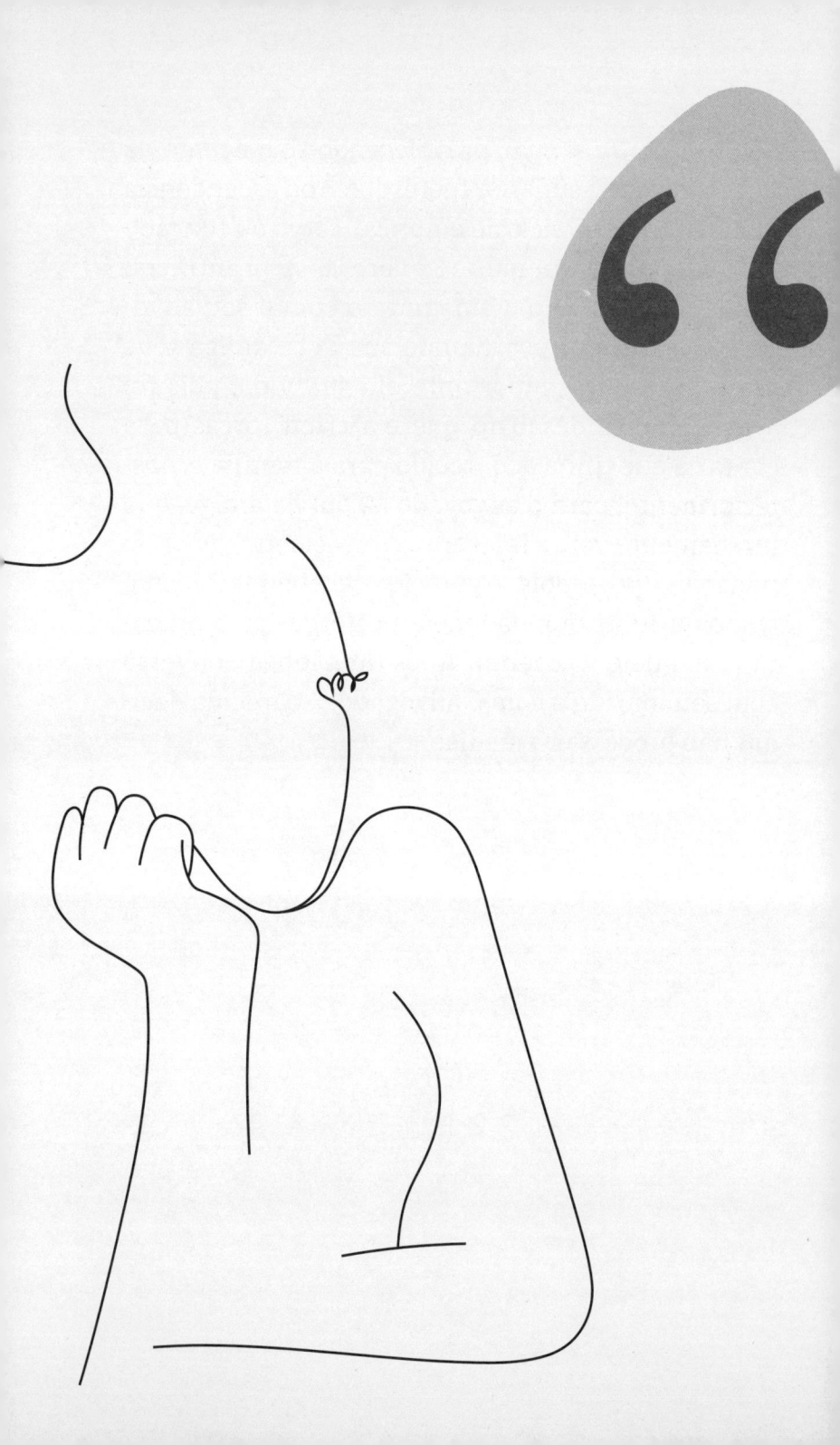

Capítulo 14
Resguardando vidas

Aparecida lembra que no ano de 2006 foi criada a Lei 11.340, nomeada como Lei Maria da Penha: um marco na luta da história da mulher, a partir da qual ficou determinado que toda situação de violência doméstica e familiar é crime. Como estava em fase de adaptação, porém, apresentava algumas indefinições, o que engessava o enquadramento do crime. Atualmente, é possível observar que o movimento ganhou força, e novos ajustes da lei são realizados de acordo com as necessidades e o contexto da sociedade. Portanto, em 2015 foi aprovada a Lei do Feminicídio (Lei 13.104), transformando em crime hediondo o assassinato de mulheres em situação de discriminação de gênero ou violência doméstica. É importante ressaltar que, apesar dos avanços nos últimos anos, continua sendo fundamental debater o assunto, levando informação e conscientização à sociedade para que as pessoas possam buscar soluções assertivas para resolver seus problemas, evitando atos de violência e até mesmo resguardando suas próprias vidas.

Maria da Penha Maia Fernandes é uma brasileira natural do Ceará que sofreu duas tentativas de assassinato em 1983 por parte de seu marido. Como resultado, ela ficou paraplégica, necessitando de uma cadeira de rodas para se locomover. Originou-se, assim, a Lei 11.340/06, que recebeu o nome de "Lei Maria da Penha", fruto da organização do movimento feminista no Brasil, que desde os anos 1970 denunciava as violências cometidas contra as mulheres (violência contra prisioneiras políticas, violência contra mulheres negras, violência doméstica etc.) e nos anos 1980 aumentou a mobilização frente à absolvição de homens que haviam assassinado as esposas, alegando "legítima defesa da honra" (História da Lei Maria da Penha – Ministério Público do Estado de São Paulo (mpsp.mp.br).

Capítulo 15
Gaslighting

Em 1938, o dramaturgo inglês Patrick Hamilton escreveu a peça teatral *"Gaslight"*, em que o marido se apropriava da intensidade da luz a gás da residência do casal, fazendo com que sua esposa questionasse a própria sanidade. Na época, devido ao sucesso da peça e de suas adaptações no cinema, surgiu o termo *gaslighting*, que ficou bastante conhecido. No Brasil, a peça *"Gaslight – Uma Relação Tóxica"* teve estreia em São Paulo no mês de setembro de 2022. Aparecida foi até a capital paulista para assistir a estreia da peça, que foi um sucesso!

Atualmente, esse termo tem sido usado para designar um tipo de violência psicológica, em que a vítima não percebe que está sendo manipulada. Sendo assim, os fenômenos psicológicos são sustentados através de mentiras e manipulações. O *gaslighting* é um sugador de energia, induz à dúvida, fazendo com que a vítima duvide do que está acontecendo, causando instabilidade emocional. Para o psiquiatra francês Racamier (2022), "Quanto ao movimento perverso, eis que ele chega. Ele vem furtivamente. É que não importa de qual dor ou desilusão provenha, de qual medo de desmoronamento proceda, ele tem um caminho a percorrer, e ele o fará sem ruído". Dessa forma, o *gaslighting* é considerado um tipo de violência psicológica sutil praticado por homens e mulheres, mais precisamente por homens, devido ao machismo estrutural em nossa sociedade.

Essa prática envolve poder, sedução, controle e visa manipular o parceiro, amigo, colega de trabalho ou familiar: "o perverso narcísico visa sempre desqualificar o ego do outro, na esperança de aliviar e de valorizar o seu" (Racamier, 2022). Desse modo, o comportamento poderoso do abusador pode causar diversos danos emocionais à vítima, levando-a ao afastamento de amigos e familiares, causando discórdia no ambiente de trabalho ou até mesmo demissões, e sua maior fascinação está em causar desentendimento entre as pessoas, colocando umas contra as outras. Assim, seu esforço estará sempre voltado para que a vítima concorde com suas mentiras, para que ele se sinta no controle da situação. "Trata-se de disjuntar as pessoas, as informações, os pensamentos: trata-se sempre de romper vínculos". (Racamier, 2022).

Nesse caso, podemos observar que normalmente as necessidades da vítima são ignoradas, suas palavras são distorcidas pelo manipulador e usadas para confundi-la. Essa confusão mental é um sinal de que o objetivo do abusador está sendo alcançado, de que a estratégia está funcionando. "O perverso se esforça para fazer funcionar a sedução em sentido único: ele busca fascinar sem se deixar prender na rede da atração objetal" (Racamier, 2022).

Os *gaslighters* apresentam comportamentos perversos narcísicos e estão espalhados por todos os lugares. Eles são especialistas em criar situações, distorcer a realidade, enganar, mentir e manipular. "Para o perverso, o que é dito é verdade, e o que não é dito não é verdade" (Racamier, 2022).

Diante do comportamento *gaslighting*, podemos observar que a vítima está convencida de que é a única responsável pelos problemas da relação. Em casos mais graves, a pessoa que está em sofrimento passa a duvidar da própria sanidade, questionando suas atitudes ou até mesmo aceitando que sua percepção da realidade está alterada, pois acredita que está cometendo injustiças ou exageros com seu parceiro. Assim, se humilha, se culpa e se desculpa! O perverso dirá ao seu objeto, ou seja, dirá a sua vítima: "Renuncie a pensar se você quiser existir"; "Se tu pensas, tu não existe mais" (Recamier, 2022).

Nesse caso, a vítima vai perdendo o amor-próprio, a autoconfiança, a autoestima, e aumentando o seu grau de dependência emocional pelo abusador, o que torna cada vez mais difícil o rompimento da relação abusiva. "Esse objeto terá sido utilizado loucamente; explorado, roubado, desavergonhadamente vampirizado, desacreditado duas vezes em vez de uma, abusado, enganado" (Racamier, 2022).

Se você perceber que está vivendo um relacionamento abusivo, que está na companhia de um *gaslighter*, não ignore os sinais dessa violência, busque o apoio de pessoas de sua confiança e, se achar necessário, busque também ajuda de um profissional especializado para resgatar sua autoestima, sua autoconfiança, seu amor-próprio.

Se você encontrou sinais de *gaslighting* no seu comportamento, devido à convivência com um *gaslighter*, ou se você tem tendências a essa prática, não deixe de buscar ajuda, cuidar de você é uma demonstração de amor.

Aparecida na estreia da peça *"Gaslight"*,
no Teatro Procópio Ferreira em São Paulo

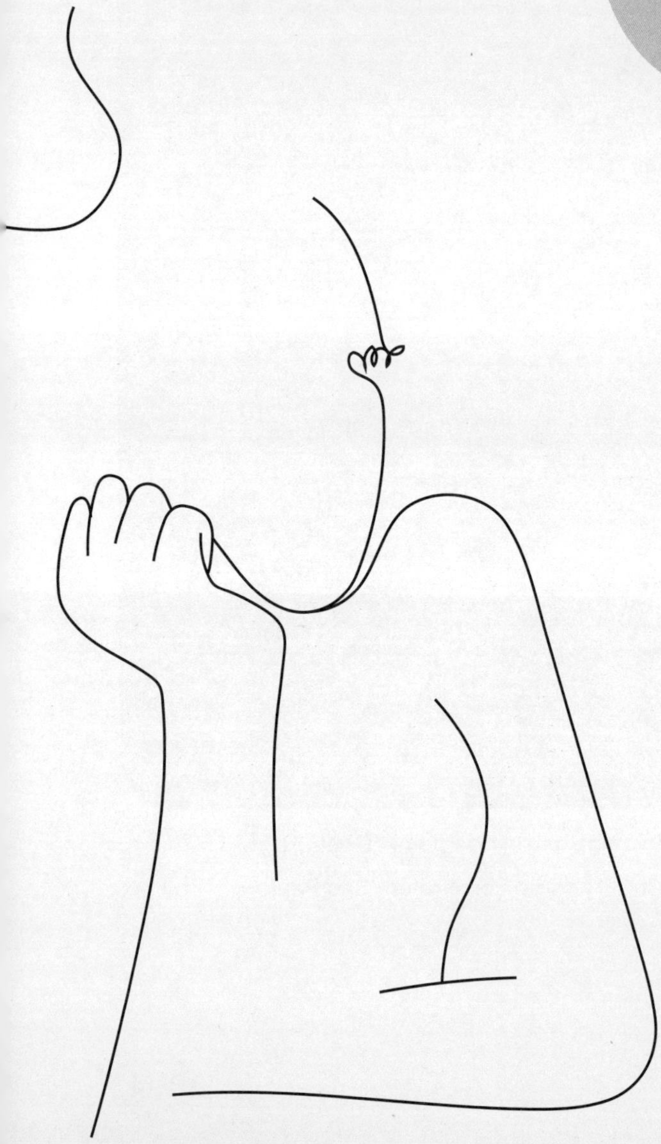

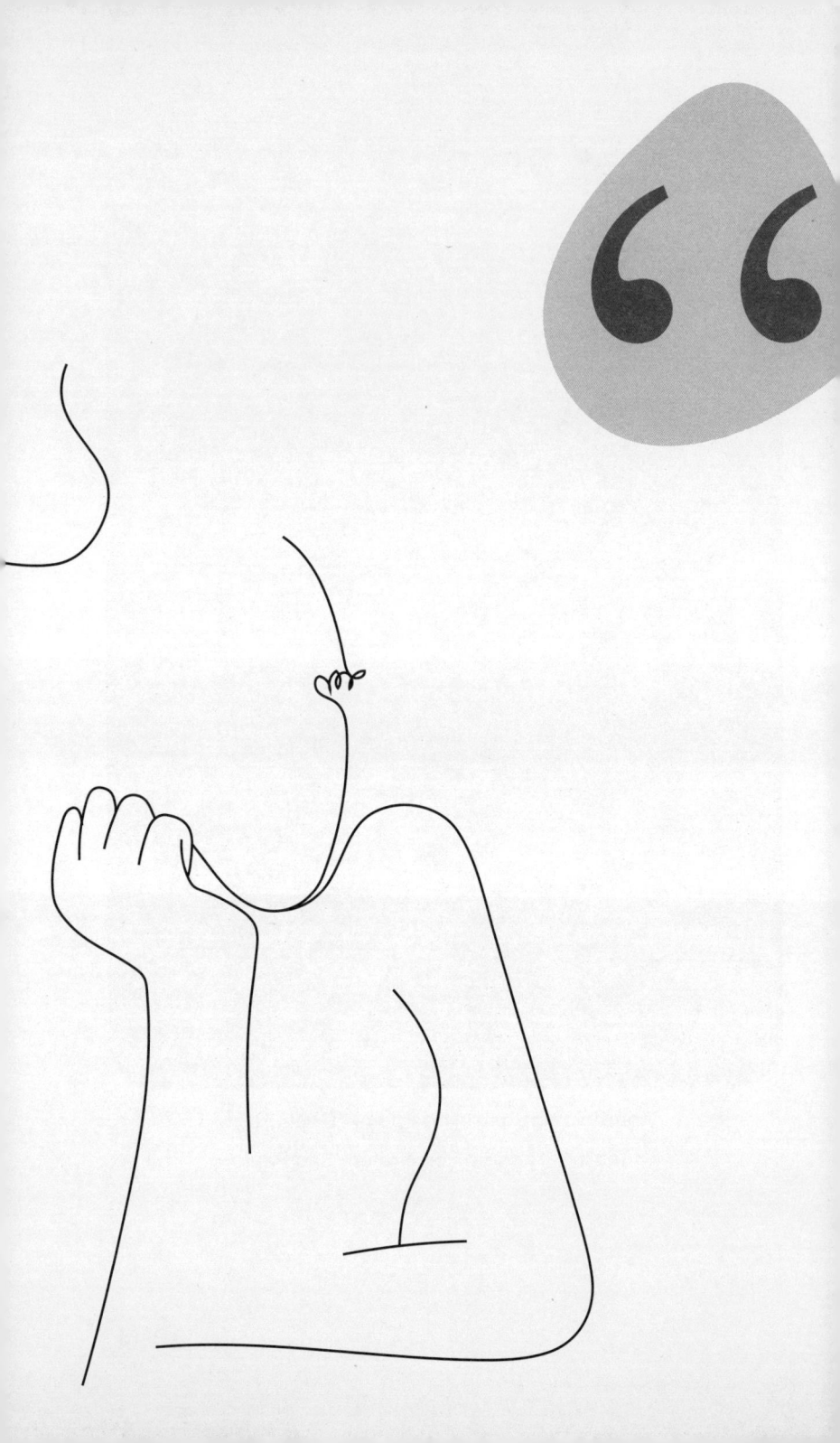

Capítulo 16
Violência conjugal

A violência está presente na sociedade e deve ser compreendida a partir da interação entre vários aspectos culturais, econômicos, psicossocioemocionais e políticos. Podemos dizer que a violência ocorre em diversos âmbitos, e pode ser vista como uma relação de poder; mas neste momento, a minha reflexão será sobre a violência conjugal. Esse fenômeno é considerado multideterminado, dinâmico e relacional, ocorrendo entre os membros da família e podendo causar danos físicos e mentais.

Viver é mesmo um desafio. Cada fase desse ciclo vital exige de nós serenidade e flexibilidade para enfrentarmos as dificuldades e, assim, nos tornarmos pessoas mais resilientes. Mas a vida a dois, por exemplo, é um pouco mais desafiadora e requer muito diálogo, compreensão e negociação. Nesse processo, existem as necessidades individuais e as do casal, que constantemente necessitam de novos ajustes, pois cada ser humano tem suas particularidades. Por isso, quando se propõem a viver juntos, a negociação torna-se indispensável; mas infelizmente muitos casais não conseguem ter uma boa comunicação, tornando a relação frágil e tóxica. Quando as tentativas de dialogar falham, a violência se instala, gerando novos conflitos para o casal e para os indivíduos que estão diretamente envolvidos, o que muitas vezes acaba se estendendo aos filhos.

A violência conjugal pode ser inicialmente velada, deixando sinais sutis, porém não menos traumáticos, afetando a autoestima dos envolvidos, além de comprometer o funcionamento da relação, aumentando a insegurança, o desrespeito e a agressividade. A agressão, seja ela no campo psicológico, físico ou sexual, com palavras sutis, a fim de conseguir que o outro faça o que se espera, é um reflexo da falta de controle emocional, da falta de respeito pela integridade física e psicológica do outro. Sendo assim, o que se pode observar é uma relação que está adoecendo, evoluindo para uma dinâmica conjugal disfuncional.

Na sociedade patriarcal, a violência é vista como uma questão de foro íntimo, ficando restrita à própria família; pois por muito tempo não existiu uma medida protetiva para amparar os indivíduos em risco, e tampouco para preservar a integridade física e psicológica das vítimas. Além disso, havia uma forte crença popular que reforçava o pensamento de que "em briga de marido e mulher não se mete a colher", ou seja, não se deve interferir na briga de um casal, pois o que acontece entre quatro paredes diz respeito apenas aos envolvidos. Esse pensamento arcaico ainda é muito presente na sociedade contemporânea, o que contribui para que terceiros não se envolvam, aumentando os fatores de risco para a sobrevivência das vítimas.

Foi a partir dos movimentos feministas que a violência conjugal passou a ser tratada como um problema de saúde pública, que pode causar dano físico, psicológico, sexual, moral e patrimonial, necessitando da atenção de profissionais especializados. A temática da violência conjugal na sociedade contemporânea tem chamado a atenção de diversas autoridades do mundo inteiro, tem sido pauta de importantes debates, o que começa a despertar a sociedade para a seriedade do problema por meio de reflexão e conscientização. Debater a violência na família é fundamental, pois dessa forma estaremos levando informação à população e contribuindo para um mundo menos violento.

Na Lei 11.340, de 7 de agosto de 2006, encontramos:

> *Art. 2º Toda mulher, independentemente de classe, raça, etnia, orientação sexual, renda, cultura, nível educacional, idade e religião, goza dos direitos fundamentais inerentes à pessoa humana, sendo-lhe asseguradas as oportunidades e facilidades para viver sem violência, preservar sua saúde física e mental e seu aperfeiçoamento moral, intelectual e social.*
>
> *Art. 3º Serão asseguradas às mulheres as condições para o exercício efetivo dos direitos à vida, à segurança, à saúde, à alimentação, à educação, à cultura, à moradia, ao acesso à justiça, ao esporte, ao lazer, ao trabalho, à cidadania, à liberdade, à dignidade, ao respeito e à convivência familiar e comunitária.*

Embora a violência conjugal também possa ser direcionada aos homens, infelizmente os estudos apontam as mulheres como as maiores vítimas.

Quando há registro de violência física, observa-se que as mulheres são as mais afetadas, uma vez que, devido à questão biológica, normalmente o homem possui mais força física que a mulher – que na maioria das vezes se encontra em situação de vulnerabilidade, de intimidação e com muito medo.

Em alguns casos, mulheres vítimas da violência doméstica têm um perfil reprimido, com menor satisfação e bem-estar na relação. Portanto, nesse contexto, existe uma tendência maior de a mulher deixar o cônjuge, que muitas vezes não aceita o fim da relação, insistindo em permanecer naquele ambiente de insatisfação e violência. É indiscutível o fato de que as mulheres são as maiores vítimas de casos graves de violência; mas, para compreender o problema, é fundamental olhar de forma integral e cuidadosa para a questão.

Portanto, "observa-se que muitas das discussões sobre a temática da violência conjugal centram-se nas questões de gênero. É preciso compreender, discutir e considerar a representação do feminino *versus* masculino ao longo da história, assim como as diferentes formas de violência que as mulheres sofreram e sofrem, seja no âmbito doméstico, institucional, social, cultural etc." (Falcke, Boeckel, Arpini & Madalena, 2015, p. 83).

Assim, entende-se que muitos aspectos relacionados ao tema foram herdados da sociedade patriarcal. O fato de a mulher ter sido afastada do mercado de trabalho atrasou seu desenvolvimento na sociedade, pois durante muitos anos só lhe restou o papel de dona de casa, tornando-se submissa, dependente financeira e emocional, o que proporcionou ao seu parceiro mais poder e controle de sua vida.

Portanto, torna-se fundamental revisitar o passado para compreender o problema, considerando todos os momentos, e principalmente os vários tipos de violência que as mulheres sofreram e que continuam sofrendo na contemporaneidade.

O que se pode observar ao longo desse processo é que a mulher sempre esteve à mercê da violência doméstica, institucional, cultural, social, patrimonial e sexual.

Estudos recentes apontam que a violência mais comum é a bidirecional, ou seja, quando o casal se coloca em situação de ora um ser o agressor, ora ser a vítima. Dessa forma, podemos dizer que a questão da violência merece muita atenção e deve ser analisada sistemicamente, pois vai além da questão de gênero e de idade, estendendo-se aos aspectos de interação entre casais de diferentes configurações familiares. Devemos considerar alguns fatores que contribuem para a prática da violência conjugal: ciúmes, depressão, falta de habilidade emocional, baixa tolerância, falta de diálogo, visão negativa do parceiro(a), abuso de substâncias, ausência de empatia, problemas de relacionamentos anteriores, inflexibilidade etc. Assim, não podemos esquecer que o diálogo, o respeito e a confiança são elementos essenciais na manutenção de uma relação saudável.

Assim sendo, existe uma preocupação que ultrapassa a questão do feminino e do masculino, o que nos leva a compreender a violência conjugal como um problema que se retroalimenta entre os envolvidos. Ou seja, os papéis de vítima e agressor não são estáveis, podendo causar o deslocamento da violência entre os componentes do sistema, perpassando por ambos.

Normalmente, a união entre duas pessoas é marcada por muitas expectativas, mas durante a convivência algumas tensões podem rompê-las. Nesse processo, o que sabemos é que a dinâmica conjugal ocorre por meio de uma teia delicada de pensamentos, sentimentos e comportamentos, que terminam em violência verbal. Essa tensão pode aumentar com a convivência do dia a dia, evoluindo para a agressão física.

Após a violência física, é comum que o agressor ou a agressora reflita sobre o ocorrido e peça desculpas à vítima, argumentando ter perdido o controle e que aquilo jamais se repetirá. Aqui pode ser o início de um ciclo de violência, com inúmeros pedidos de desculpas e o desejo de resgatar o relacionamento. É importante ressaltar que, quando há sinais de agressão verbal e psíquica, a violência já se instalou, deixando sequelas graves.

Reconhecer a existência de conflitos na relação e buscar ajuda certamente é a forma mais assertiva de resolver o problema[2].

---

[2] Violència contra la dona. Disponível em: https://upload.wikimedia.org/wikipedia/commons/1/1e/Viol%C3%A8ncia_contra_la_dona.jpg. Acesso em 09 de outubro de 2022.

Capítulo 17
Identificando a violência conjugal

Em 2021, foi criada a Lei 14.188, que institui como crime, em seu art. 147-B, "causar dano emocional à mulher que a prejudique e perturbe seu pleno desenvolvimento ou que vise a degradar ou a controlar suas ações, comportamentos, crenças e decisões, mediante ameaça, constrangimento, humilhação, manipulação, isolamento, chantagem, ridicularização, limitação do direito de ir e vir ou qualquer outro meio que cause prejuízo à sua saúde psicológica e autodeterminação". A vítima pode denunciar o agressor, independentemente de quem ele seja e de onde esteja.

Violência psicológica

A violência psicológica é considerada um dos subtipos de violência mais complexos de ser identificado, já que se trata de um tipo velado, que não deixa marcas físicas, embora seja o mais presente nos relacionamentos. Esse tipo de violência traz inúmeros prejuízos à vítima, afetando sua identidade, causando baixa autoestima, tristeza, insegurança, ansiedade, distorção da autoimagem, depressão etc. Pode se apresentar das seguintes formas: por meio de comentários de que a parceira está gorda, feia, magra, criticando sua performance na cama, destruindo objetos da parceira, menosprezando-a durante uma conversa, gritando, xingando, ameaçando jogar um objeto na parceria, ameaçando-a de violência física.

Essas diferentes formas verbais de violência psicológica podem afetar drasticamente a autoestima, a saúde e a integridade da vítima, a ponto de ela se sentir tão frágil e não perceber que está sofrendo uma agressão.

Violência física

Refere-se à utilização de força sobre alguém, o que pode deixar marcas no corpo e causar consequências gravíssimas e fatais. Portanto, torna-se imprescindível lembrar que, no caso de relações disfuncionais, em que o indivíduo possui comportamento agressivo, existe risco severo de evoluir para a violência física. Por isso, esteja atenta(o) aos sinais de violência que o seu(sua) parceiro(a) apresenta. Se for necessário, peça ajuda imediatamente; não espere que o pior aconteça.

Conforme podemos observar, normalmente a violência psicológica antecede a agressão física, que ocorre seguida de um objeto lançado na(o) parceira(o), um tapa, um puxão de cabelos, um soco, um chute. Assim, uma vez que há violência física, existe grande possibilidade de o comportamento agressivo se repetir, levando a danos gravíssimos, inclusive à perda da própria vida.

Violência sexual

A violência sexual está intimamente associada aos atos de agressão com o intuito de praticar relações sexuais sem o consentimento da vítima. Nesse caso, o agressor sente-se privilegiado pela sua força física: faz ameaças, manipula, pressiona, não respeita a vontade da(o) parceira(o), insiste em fazer sexo, agride fisicamente, obriga a(o) parceira(o) a manter relações sem camisinha, impõe sexo oral e anal. Também pode ocorrer uma prática criminosa de estupro chamada *stealthing*, em que o parceiro sexual remove o preservativo propositalmente e de forma silenciosa, sem o consentimento da outra pessoa.

A vergonha e o medo são sentimentos que paralisam a vítima, dificultando a quebra do ciclo de violência conjugal. Sendo assim, torna-se imprescindível buscar ajuda.

Capítulo 18
Comportamento do perverso narcisista

Na atualidade, podemos ver que mulheres vítimas de assédio sexual ganharam proteção com a Lei que protege a vítima e pune o assediador. Apesar das conquistas no campo legal, ainda existem algumas dificuldades para que se cumpra na prática.

Infelizmente, naquela época, o pudor, o medo da exposição e a falta de coragem contribuíram para que Aparecida não desse continuidade ao processo, fato esse que nunca saiu de sua memória. Bastava ouvir sobre o assunto, e a jovem parecia reviver aquele episódio.

Ela se recorda com certo amargor de que, ao chegar em casa naquele dia fatídico, encontrou o telefone tocando. Atendeu com a voz ainda chorosa, e qual não foi sua surpresa ao reconhecer a voz daquele homem autoritário ao telefone.

Naquele instante, viu que sua privacidade havia sido violada; seu endereço, seu telefone, dados que ela havia informado à secretária, estavam sendo usados para importuná-la. Porém, àquela altura, ele não se identificou como doutor, mas sim pelo nome, fazendo-a se sentir mais impotente, intimidada e insegura.

Nesses casos, em primeiro lugar, a vítima deve procurar entender que a culpa não é dela, mas sim que esse indivíduo cometeu um crime. E você deve estar se perguntando: o que leva uma pessoa a se comportar dessa forma? Pode-se dizer que existem muitos componentes da cultura machista e patriarcal ligados às situações de assédio sexual e de estrutura perversa, como podemos observar nos estudos do psiquiatra Racamier (2022): "o perverso narcísico é insensível ao psíquico, mas muito vigilante às realidades sociais, hábil, oportunista, e como tal 'adaptado', o pensamento perverso será todo voltado para o agir, o fazer-agir e a manipulação. Insensível aos movimentos relacionais, ele está todo na dominação exercida sobre os outros, a fim de utilizá-los da melhor forma, de acordo com seus interesses narcísicos e materiais. Para ele, é o resultado que conta". Sendo assim, podemos concluir que, aos olhos desse criminoso, a vítima é vista como um objeto.

Lamentavelmente, Aparecida não foi a única. Ouviu-se depois que, possivelmente, ela era a sexta mulher a ser vítima do crime naquele mesmo consultório, com o mesmo doutor.

Conforme Racamier, citado por Eiguer (2014), "o perverso narcísico age por intimidação, produzindo perplexidade, paralisia, desvalorização, invasão da mente por produção de culpa nas suas vítimas". Assim, podemos observar que a alegria do perverso está na intimidação, ao perceber que a vítima está vulnerável, sem forças para reagir.

Após o episódio de assédio, Aparecida procurou uma médica hematologista para entender o que realmente estava acontecendo com sua saúde; passou por uma anamnese que durou aproximadamente três horas, e foram solicitados diversos exames. Desta vez, a jovem passou por uma profunda avaliação do perfil hematológico para eliminar qualquer suspeita e, felizmente, nada grave foi diagnosticado.

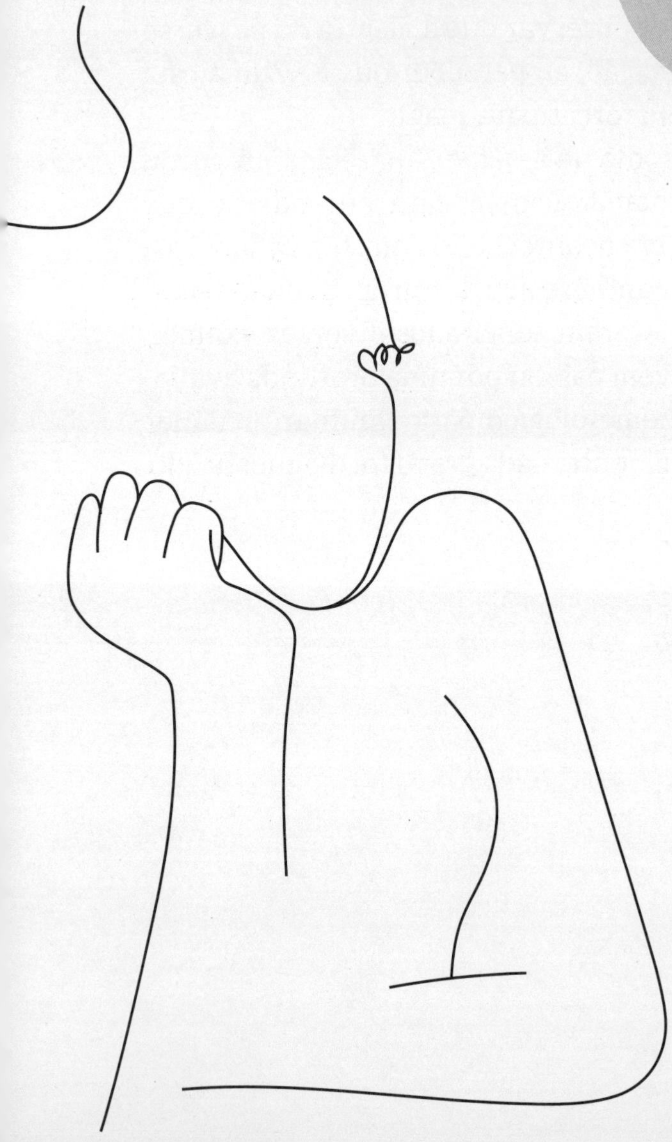

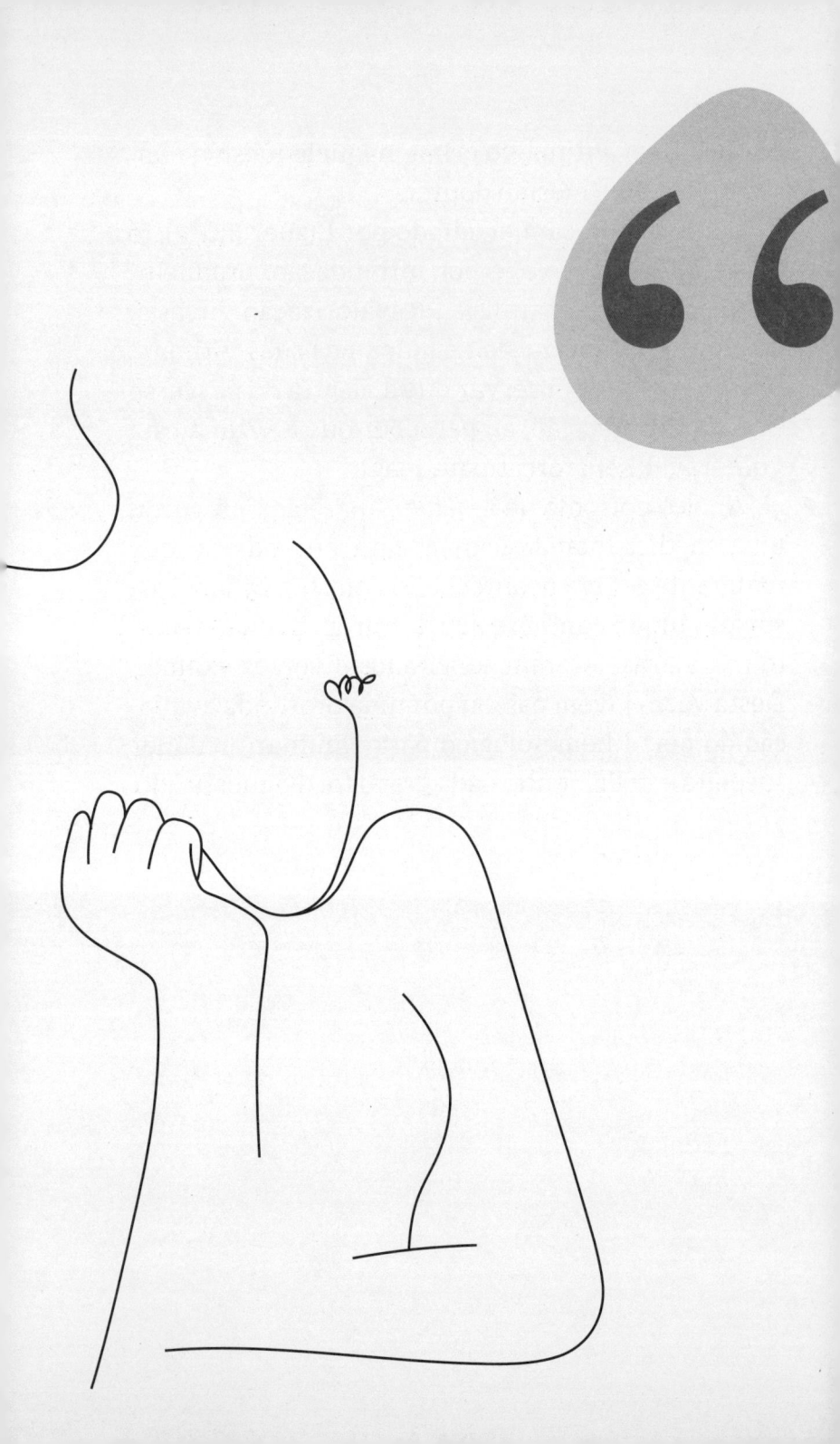

Capítulo 19
Transformando dificuldades em sabedoria

Após um longo trabalho de autoconhecimento que Aparecida usou para evoluir, ela ressignificou aquele momento de dor, impotência, constrangimento, e decidiu tornar público o assédio sexual que sofreu e, assim, reforçar a importância de se falar sobre o assunto, dizendo para as mulheres que não se calem por vergonha, medo do julgamento da sociedade ou falta de coragem, pois elas não têm culpa. A maturidade trouxe leveza e paz para Aparecida, que agora faz um balanço de seus quarenta e quatro anos e agradece a Deus por cada segundo de sua existência. É grata até mesmo pelos momentos mais sombrios de sua vida, momentos de dor, mas de muito aprendizado, como o dia em que recebeu o diagnóstico de câncer de sua mãe e o enfrentamento do doloroso tratamento da doença, até o momento da despedida.

Até o fim, ela permaneceu ao lado de sua mãezinha, presenciando as piores cenas de sua vida. Onélia era uma filha amorosa, irmã carinhosa, dedicada à família, mãe presente, atenciosa e apaixonada pelos filhos, netos, genros e nora. Uma mulher serena, amiga, generosa e de muita fé, sempre disposta a ajudar os que precisavam com o pouco que tinha, e nos momentos difíceis tinha sempre uma palavra para confortar. Era vaidosa, adorava usar batom vermelho e unhas coloridas. Uma pessoa simples, que surpreendia todos ao seu redor, como no dia em que recebeu a visita de seu irmão, que acabara de ganhar o prêmio da Mega Sena e queria presenteá-la; mas, diante de sua humildade, Onélia apenas sorriu e agradeceu, dizendo que seu maior presente era a felicidade dele e que não estava precisando de nada.

Suas últimas palavras para sua caçula foram: "Filha, a gente tem que ser boa" – frase que Aparecida recorda até hoje com muita emoção, pois esteve ao lado de sua mãe nos momentos finais, sentindo suavemente o carinho de sua mãozinha frágil e cansada passando em sua orelha, até ela adormecer.

Aparecida viu nos momentos difíceis uma oportunidade para conversar com Deus. No seu coração, havia a certeza de que existia uma força superior cuidando de cada detalhe, e isso a acalmava para seguir confiante, aceitando e compreendendo sua missão na terra. Os valores herdados de sua mãe – sua fé, coragem e resiliência – foram cruciais para que a filha de Onélia superasse as dificuldades.

Em suas viagens, ela conheceu quatro Santuários Marianos: o Santuário de Nossa Senhora de Fátima, em Portugal; o Santuário de Nossa Senhora de Lourdes e o Santuário de Nossa Senhora da Medalha Milagrosa, na França; e, por último, teve a felicidade de conhecer o Santuário Nacional de Nossa Senhora Aparecida, onde realizou um sonho de criança: assistir à missa na casa da Mãezinha. Ela ainda se lembra de que, na infância, quando observava seus pais se arrumando para irem ao Santuário de Nossa Senhora Aparecida, sua mãe lhe dizia que a viagem era longa e cansativa, por isso não poderia levá-la, mas que um dia ela iria. Depois de muitos anos, esse dia chegou cheio de emoções e boas memórias; e, como se apenas estar ali não bastasse, ela foi convidada para assistir à missa no altar. Seu coração estava aquecido por todo aquele amor.

Cada visita e cada santuário foram especiais à sua maneira. Aparecida se lembra de que, quando Julio e ela acordaram às quatro da manhã para irem ao Santuário de Lourdes, os termômetros parisienses marcavam uma temperatura abaixo de zero. Foram cinco horas de trem-bala até a cidade, que fica no sul da França. Ao chegarem lá, foram caminhando até a gruta de Nossa Senhora, onde era possível sentir os pingos da água caindo sobre sua cabeça, como uma chuva de bênçãos. Passaram o dia todo na cidade e retornaram a Paris ao final do dia, com o coração aquecido de amor.

Já o Santuário de Nossa Senhora da Medalha Milagrosa está situado na Rue du Bac, em Paris, um lugar de fácil acesso que permite visitas mais frequentes. No altar da capela, é possível observar a imagem de Nossa Senhora das Graças sobre o mundo, emitindo raios de bênçãos. Poder observar seus raios luminosos e recordar sua história com certeza reforçou a sua fé e faz, ainda hoje, com que Aparecida acredite que há no mundo algo muito maior do que nós, algo que foge da nossa compreensão.

Além dessas experiências, Aparecida teve a oportunidade de visitar o Santuário de Fátima algumas vezes, mas a primeira vez a marcou de modo muito especial, pois sentiu uma forte emoção ao avistar a igreja, sentindo-se leve e acolhida. Na sua última ida ao Santuário, em 2019, ela visitou a vila de Aljustrel, uma pequena aldeia que fica nos arredores da cidade de Fátima, onde viveram os três pastores que presenciaram as aparições de Nossa Senhora; e, para sua surpresa, teve a honra de conhecer os sobrinhos dos videntes: a senhora Jacinta Marto e o seu irmão Francisco Marto, filhos de João Marto, irmão dos santos Francisco e Jacinta. Conhecer aquela aldeia, a casa dos videntes, ouvir os ensinamentos dos irmãos Marto, foi um presente que ela guarda com muito carinho até hoje.

Aparecida e seu esposo no Santuário de Fátima, em Portugal

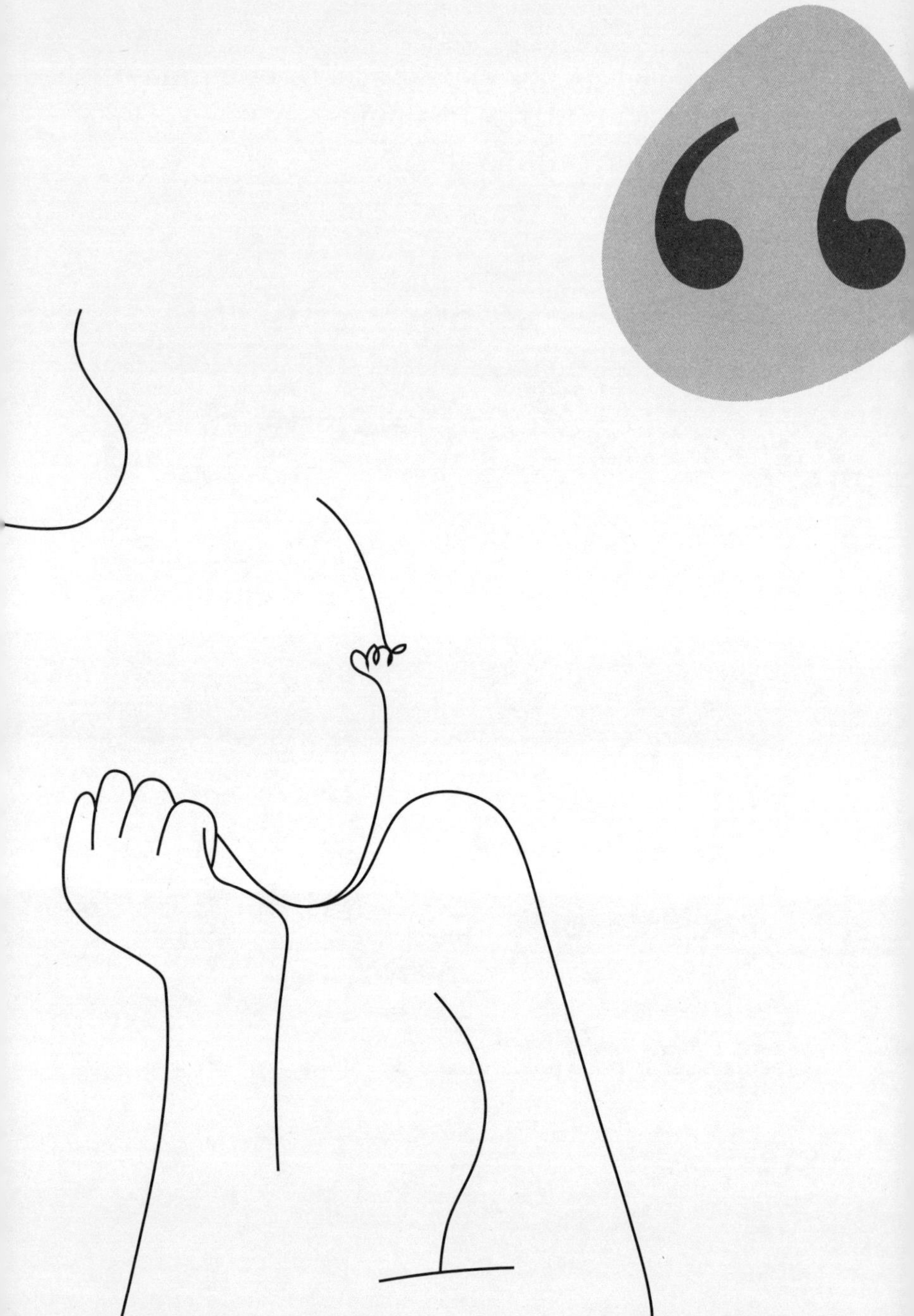

Capítulo 20
Vestida de coragem

Hoje, Aparecida se sente muito grata e valoriza ainda mais cada momento, cada experiência, pois acredita que a vida foi muito generosa com ela, permitindo grandes desafios, mas também proporcionando momentos importantes para o seu amadurecimento. Sente que chegou a hora de compartilhar seus aprendizados, levando informação e orientação à população, ajudando mulheres que se encontram em situação de vulnerabilidade. Ela está feliz com a pessoa que se tornou, compreende que os desafios foram necessários, que pisou em espinhos, subiu montanhas, mas que a vida foi esplêndida, permitindo-lhe chegar ao topo e ter uma visão privilegiada muito clara daquilo que realmente importa. Sente-se orgulhosa de viver na sua essência, de ter construído a sua história com base em seus valores.

Quando ela se olha no espelho, vê uma mulher sem filtro, forte, dona de si, de seu tempo e de suas vontades; uma mulher que enfrentou muitas dificuldades, mas que não abriu mão de seus valores; que soube ser paciente, usando sua fé e sabedoria para continuar sonhando e acreditando em dias melhores; que não deixou de amar, nem de acreditar no ser humano.

Sua vida, sua família, sua essência, seus valores, sua história, suas experiências, sua formação acadêmica e sua profissão, os quais desempenha com muito amor e dedicação, deram vida à obra *A Filha de Onélia*: um livro que nasceu de sua preocupação com a autonomia financeira, social, psicológica e intelectual da mulher contemporânea, do desejo de resgatar a autoestima da mulher por meio do amor-próprio, do conhecimento, da conscientização, do autocuidado e da autorresponsabilidade. Então, vestida de coragem, Aparecida compartilha sua jornada e mostra que essa mulher forte, determinada e autêntica foi construída a partir dos desafios que enfrentou, desde os seus primeiros meses de vida.

Uma história de superação que mostra que a transformação é possível; que você não precisa abrir mão de seus valores para alcançar o que deseja; que a força para que tudo aconteça está dentro de você, e que é possível aprender e crescer mesmo em momentos de grandes adversidades.

Aparecida se levantou em momentos muito difíceis, desde os seus seis primeiros meses de vida, quando enfrentou uma grave pneumonia e lutou bravamente durante dois meses para sobreviver ao quadro de infecção. Na adolescência, teve de aprender a lidar com a separação dos pais e a ausência das irmãs, que se casaram cedo. Conviveu com o desaparecimento do irmão durante dezessete anos, enfrentou a doença e o falecimento de sua amada mãezinha; e, posteriormente, sua irmã muito querida, que lhe presenteou com seu primeiro sobrinho, também faleceu.

Após muitos anos ouvindo relatos de mulheres que sofreram violência física, psicológica, moral, sexual e patrimonial, mulheres que ainda vivem relacionamentos tóxicos, que são humilhadas, manipuladas e dependentes financeira e emocionalmente de relações abusivas, Aparecida sente que é hora de agir e estuda uma forma de construir um espaço maior de acolhimento e reflexão sobre os direitos de ir e vir dessa nova mulher.

Ela, que cresceu com as dificuldades, deixa sua confortável cadeira de consultório para se unir às mulheres na luta por um lugar com mais empatia, respeito, oportunidade, igualdade e liberdade de escolha.

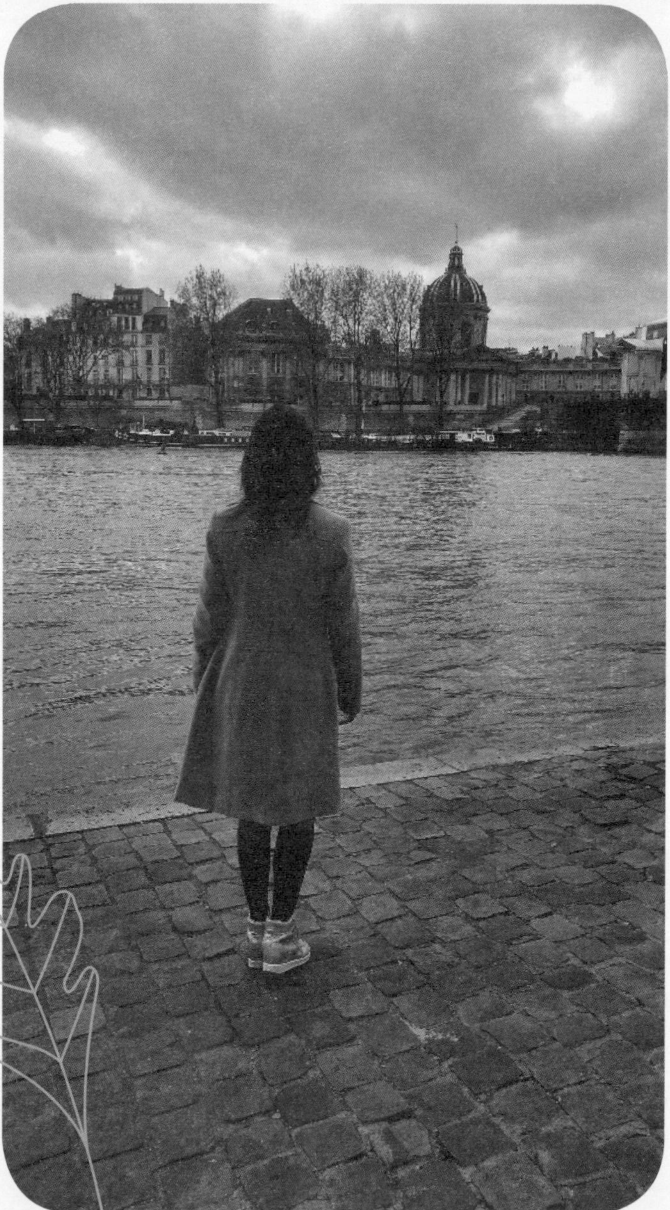

Capítulo 21
Desconstruindo a imagem da mulher subordinada

Por um longo período histórico, a mulher ficou presa a uma posição designada a ela: ser dona de casa, cumprindo papéis sociais, servindo à família e cuidando dos filhos, tendo sua valorização restrita ao ambiente familiar, sendo alijada dos cargos de poder da sociedade. A normalização desse modelo tornou inviável a legitimação de seus desejos, de sua autonomia e de sua vida. Podemos observar que, desde o início de sua trajetória, a mulher quase sempre esteve à margem da sociedade, onde recebia tratamento desigual, período em que a mulher foi totalmente excluída do trabalho assalariado, ficando marcado pela dependência financeira e conjugal, pela opressão, exploração e dominação.

Na atualidade, observamos que o pensamento patriarcal ainda está presente, e a violência continua acontecendo de forma velada, ocultando as relações de hierarquia que ainda existem na sociedade. Até o século XIX, a mulher era educada para servir a família, ser boa esposa e mãe. E a imagem dessa mulher subordinada do passado nos leva a compreender sua luta histórica pela liberdade e pela igualdade, pois foi por conta dessa imagem e de muitos questionamentos que surgiram os movimentos sociais das mulheres e do feminismo, lutando para desconstruir o modelo da mulher dona de casa, conquistando o direito do trabalho assalariado e a instauração do divórcio.

O crescimento de movimentos sociais lutando por igualdade de direitos entre gêneros revela a necessidade da valorização da mulher no mercado de trabalho. Na sociedade contemporânea, podemos observar que ainda existem discursos machistas com o intuito de desvalorizar o trabalho feminino. Percebe-se cada vez mais que a mulher contemporânea está preocupada com sua autonomia financeira, buscando sua liberdade de poder escolher. Essa nova mulher tem ocupado cargos de liderança no Brasil e no mundo. Para compreender suas lutas ao longo dos séculos, a valorização e as preocupações com a autonomia financeira da mulher na família, é necessário visitar o passado, desbravar histórias que atravessaram séculos, conhecer o início de uma luta que muito revolucionou o universo feminino, mas que ainda enfrenta grandes desafios.

Compreende-se que as mulheres, ao longo de sua história, sempre buscaram formas de resistir ao sistema patriarcal e que muitas lutaram em silêncio para romper com a dominação. Apesar de não terem dimensão do tamanho real do problema que que elas enfrentavam, sabiam exatamente o que estavam sentindo; e muitas criavam meios para quebrar as regras institucionalizadas, na expectativa de conseguir controlar e proteger suas vidas de um sistema opressor.

Museu Rodin, em Paris
Estátua de Eva

Capítulo 22
O despertar das mulheres

As últimas décadas foram marcadas por inúmeras transformações, e percebe-se uma importante mudança dos comportamentos na sociedade. Tendo em vista que o território assegurado aos homens no período patriarcal foi ameaçado e novas formas de ser estavam surgindo, podemos dizer que, através de muita luta, dedicação e profissionalismo, as mulheres estão rompendo com a herança deixada pelo patriarcado. Elas estão conquistando, gradativamente, um espaço que antes era dominado pelo sexo masculino; mas não podemos esquecer que, apesar das conquistas e de estarem mais instruídas que os homens, as mulheres ainda ganham menos e têm dificuldades de alcançar cargos de liderança na sociedade. No Brasil, segundo o Instituto Brasileiro de Geografia e Estatística, em 2019, somente 37,4% dos cargos de liderança eram ocupados por mulheres.

A imagem da mulher dentro do sistema patriarcal nos leva a compreender sua luta histórica. É importante lembrar que foi no século XIX, em meados de 1850, que um movimento protagonizado por mulheres se uniu para lutar pelo direito de votar. Esse movimento teve início na Europa e na América do Norte e ficou conhecido pelos estudiosos como primeira onda feminista, que foi um marco na história da luta da mulher. Os historiadores o compararam ao movimento das ondas, pois o que até então era invisibilidade e calmaria se transformou em fortes ondas de autoconhecimento, em busca de liberdade e igualdade. Foi um período marcado pelo despertar das mulheres, que até então eram oprimidas e restritas a papéis sociais, educadas para serem obedientes e servirem aos maridos. Eram escravizadas, submissas e exploradas por homens que acreditavam que a mulher era sua propriedade.

Segundo alguns estudiosos da época, no início da história marcada pela luta da mulher era possível encontrar discursos justificando a necessidade de reprimir e castigar a mulher que desobedecia às regras da sociedade: esta que buscava incansavelmente sua liberdade. Essa linha de raciocínio patriarcal fortalecia o controle sobre as mulheres, aumentando a resistência e o domínio sobre suas vidas.

Posteriormente, surgiram outras importantes ondas na história do feminismo e novas reivindicações foram necessárias. Na primeira onda, o movimento feminista estava em fase de organização, o que possivelmente dificultou sua representação na sociedade. Suas reivindicações eram resultado do processo de transformação cultural que estava acontecendo no mundo: direito à participação política, direito à inserção da mulher no mercado de trabalho, direito a educação, cultura, aumento salarial e autonomia financeira. Essa primeira onda durou aproximadamente três gerações, findando com a conquista do direito ao voto feminino, e ficou marcada pelo rompimento dos paradigmas da mulher tradicional – do lar, subordinada e apagada. Aquela que sempre era conhecida como a mãe das crianças, a esposa de fulano e nunca pelo seu próprio nome, pela sua identidade.

Em 1960, teve início a segunda onda feminina, que durou até 1980 e teve um resultado positivo; mas existiam outras necessidades, e novos ajustes foram necessários, pois até aquele momento, apesar de muitos direitos terem sido conquistados em diferentes países, infelizmente só existiam no papel, e a realidade do dia a dia mostrava que a luta deveria continuar. Então, novas reivindicações foram feitas; mas desta vez o movimento estava mais organizado, e contou com a participação de três importantes mulheres que revolucionaram a história do movimento feminista: Simone de Beauvoir, Carol Hanisch e Betty Friedan. Essas três pensadoras transformaram o universo feminino, deixando um grande legado sobre as novas formas de ser mulher.

Em 1949, Simone de Beauvoir, filósofa, escritora francesa e ícone feminista, publicava o livro "O segundo sexo", deixando uma importante reflexão sobre gênero e sexo na contemporaneidade. Sua grande obra está dividida em dois volumes, com um pouco mais de novecentas páginas. Beauvoir nos convida a refletir sobre a condição da mulher em todas as suas formas: o que realmente é ser uma mulher? A quarta parte do segundo volume, "A caminho da libertação", nos chama a atenção para a autonomia da mulher, e com certeza foi a que mais me impactou. Conforme Beauvoir, "foi pelo trabalho que a mulher cobriu em grande parte a distância que a separava do homem; só o trabalho pode assegurar-lhe uma liberdade concreta." (Beauvoir, 2019, p. 503).

O "não" à resignação e a entrada da mulher no mercado de trabalho representaram um momento histórico, uma tomada de decisão fenomenal que significou o nascimento de sua liberdade. Neste volume, a autora nos presenteia com sua célebre e reflexiva frase "ninguém nasce mulher: torna-se mulher." Aqui, Simone nos leva a refletir acerca dos costumes que a sociedade nos impõe, pois quando nascemos, recebemos uma espécie de manual de como devemos ser, de como devemos nos comportar.

A americana Betty Friedan participou de movimentos importantes no século XX e publicou o livro "A mística feminina", que refletia sobre a crise de identidade da mulher. Logo tornou-se best-seller, incitando o surgimento da segunda onda feminista. Desta vez, o que estava em pauta era o papel da mulher na sociedade industrial, a preocupação com a questão dela ser apenas uma dona-de-casa, que vivia subordinada, cumprindo funções sociais. Existia uma preocupação com os seus problemas psicológicos e sociológicos.

A questão da mulher subordinada, que sentia-se triste, cansada, angustiada, invisível, que discutia com os filhos e com o marido sem razão aparente, que chorava em silêncio, era muitas vezes tratada no consultório médico através de medicamentos, sem investigar a origem do problema.

Friedan esteve à frente de diversas lutas importantes como desigualdade salarial de gênero, práticas sexistas de contratação, discriminação na gravidez. A sua luta era em busca da identidade individual da mulher e de sua autorrealização. Em 1963, a autora escreveu que não poderia ignorar as mulheres que diziam: "quero algo mais que meu marido, meus filhos e meu lar." (Friedan, 2021).

Sendo assim, uma nova mentalidade estava surgindo: o alerta para que homens e mulheres abandonassem a alienação da sociedade patriarcal e tomassem posse de uma nova consciência, em que ambos poderiam evoluir e se realizar, cada um construindo sua própria identidade, sua carreira e sendo pessoas mais felizes.

Carol Hanisch, uma jornalista americana, participou de diversas lutas importantes como o antirracismo, a luta trabalhista, as pautas antiguerra e a questão ambiental, e levantou questões relevantes sobre as novas formas de ser mulher na sociedade. Em 1969, ela escreveu o artigo "O pessoal é político", uma reflexão sobre as mulheres oprimidas que viviam expondo seus problemas nos consultórios: "político foi usado aqui no sentido amplo da palavra como tendo a ver com relações de poder" (Hanisch, 2006). De acordo com a autora, era fundamental entender que as questões relatadas pelas mulheres sobre opressão dentro de suas próprias residências ultrapassavam a esfera familiar, pois era necessário perceber como uma questão de ordem pública.

Portanto, compreende-se que era necessário acontecer uma mudança no sistema público em relação ao sistema privado, pois somente assim as mulheres poderiam ressignificar suas vidas através de suas conquistas, ocupando um lugar menos opressivo na sociedade.

Podemos observar que, a partir dessas reivindicações, uma nova era estava surgindo. Era o movimento feminista rompendo fronteiras e se expandindo pelo mundo, levando voz às mulheres por meio de seus movimentos sociais. Desse modo, nascia uma mulher reflexiva e disposta a lutar pelos seus direitos, pela sua liberdade, que falava abertamente sobre seus sentimentos, sobre sua insatisfação com a questão da submissão, sobre a relação de poder que existia entre homens e mulheres; que exigia salário digno, medidas protetivas, medidas de prevenção à saúde.

Paris – Ao fundo, o Museu d'Orsay

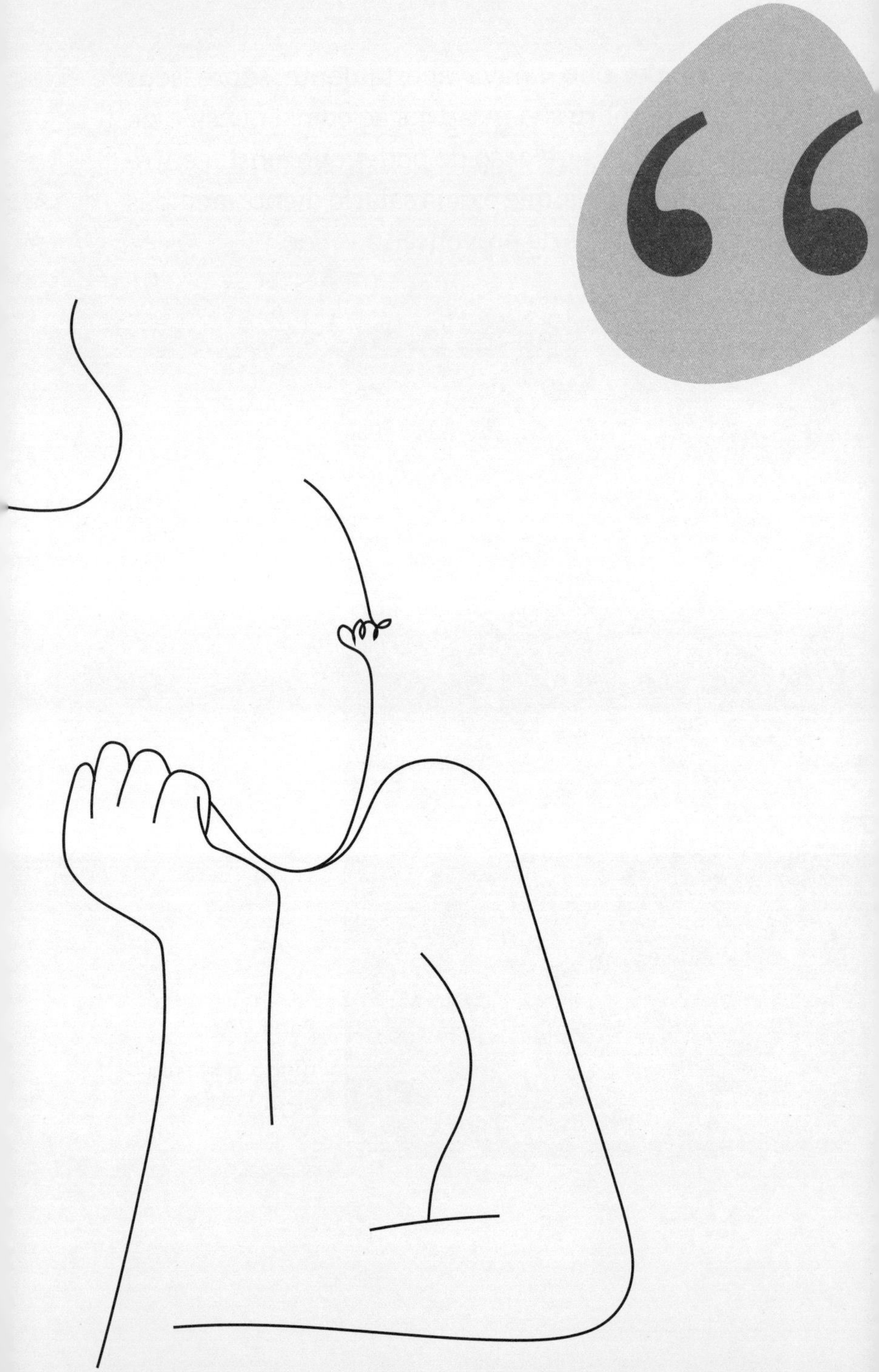

Capítulo 23
A liberdade e suas expressões

Era um final de domingo chuvoso, no mês de outubro daquele ano pandêmico de 2021. Aparecida estava em sua casa, sentada na sala, tomando um chá quentinho e refletindo sobre o sentido da vida e o papel da mulher na contemporaneidade, quando olhou para sua parede e fixou os olhos no quadro "A Liberdade Guiando o Povo", pintura de Eugène Delacroix, lembrança que trouxera do museu do Louvre, em sua última viagem com o esposo a Paris, no ano de 2019.

A imagem expressiva de uma mulher forte e corajosa, descalça, que se lança de peito aberto representando a liberdade, foi uma inspiração para *A Filha de Onélia*. Depois de horas observando aquela imagem, refletindo sobre a trajetória da mulher e suas conquistas ao longo da história, Aparecida deixou sua imaginação fluir:

permitiu-se reviver sua história, que foi marcada por desafios, perdas, superação e muita resiliência, passando pela história de sua mãe e de tantas outras mulheres que lutaram com dignidade para conseguir um lugar menos opressivo, que souberam valorizar suas virtudes, que usaram sua força interior para transpor as barreiras e viver aquilo em que realmente acreditavam e mereciam, deixando de viver uma vida de aparências, de devoção aos outros, para viver para si mesmas.

Na sociedade contemporânea, a mulher questiona e não aceita de cabeça baixa os conceitos machistas herdados de uma sociedade patriarcal, em que se suporta tudo em nome da família, da instituição do casamento. Lembrando que, em uma comunidade patriarcal, o sexo acontecia de forma obrigatória: a mulher era violada, não tinha voz, não podia dizer "não". Mesmo não desejando ter relação sexual com o marido, acabava cedendo por acreditar que tinha a obrigação de satisfazer as necessidades do companheiro.

Observa-se que, cada vez mais, a mulher moderna tem experimentado a liberdade de escolha, enchendo-se de coragem para tomar decisões perante a sociedade. É notável sua crescente importância em diversos cargos, principalmente em posições de grande liderança no Brasil e no mundo, além da ampliação de sua liberdade sexual e reprodutiva.

Na contemporaneidade, podemos observar uma mudança de mentalidade: as transformações estão acontecendo gradativamente, pois o que antes não era permitido hoje já se pode comemorar, como nossas conquistas acadêmicas, nossa profissão, escolher casar, engravidar, ter uma reprodução independente ou simplesmente não ter filhos.

Vale ressaltar que, em março de 2023, entrará em vigor a Lei 14.443/2022, que reduz de 25 para 21 anos a idade mínima para homens e mulheres realizarem a cirurgia de esterilização voluntária, no âmbito do planejamento familiar. No caso das mulheres, dispensa a autorização do companheiro para o procedimento de laqueadura, pois o projeto revoga essa exigência da legislação atual. O Sistema Único de Saúde terá o prazo de 30 dias para oferecer métodos contraceptivos (Senado, 2022)[3].

---

[3] Fique por Dentro da Lei: Sancionada a lei que facilita acesso a laqueadura e vasectomia. Disponível em: https://www12.senado.leg.br/radio/1/conexao-senado/2022/09/06/fique-por-dentro-da-lei-sancionada-a-lei-que-facilita-acesso-a-laqueadura-e-vasectomia. Acesso em 09 de outubro de 2022.

Aparecida no Museu do Louvre, Paris
"A Liberdade guiando o povo", pintura de Eugène Delacroix

Capítulo 24
O impacto da autonomia financeira da mulher nas relações afetivas

Na contemporaneidade, observamos também o surgimento de novas configurações familiares e o casamento deixando de ser visto como uma instituição, fato indiscutível. Desse modo, a sociedade é marcada por novas formas de viver: um período caracterizado por forças internas, com sujeitos que procuram maior autonomia e conhecimento para fazer escolhas assertivas, que se recusam a seguir os velhos padrões. O casamento tradicional já não é uma necessidade, mas a busca pela autonomia pessoal torna-se uma prioridade, rompendo com os velhos costumes. Nesse novo modelo, observa-se que homens e mulheres estão construindo sua própria identidade e que os velhos acordos perderam seu atrativo, possibilitando novos arranjos.

O concubinato, ou seja, a união livre das normas da sociedade, com sua forma leve e flexível, tem sido aprovada por muitas pessoas, conquistando cada vez mais espaço. Sendo assim, quando a relação não está satisfatória e o casal não está feliz, a união se desfaz, pois não existe a necessidade de cumprir com os papéis sociais até então sustentados pelas gerações antigas.

A entrada da mulher no mercado de trabalho e a conquista de sua autonomia financeira têm impactado positivamente as relações afetivas. Essa conquista tem contribuído muito para sua tomada de decisão em diferentes áreas, o que possibilitou fazer escolhas amorosas mais saudáveis.

Lembremos que, no passado, a mulher não tinha opção: ela estava destinada a permanecer no casamento mesmo quando estava insatisfeita, pois era obrigada a cumprir com todas as regras estabelecidas.

Entende-se que o trabalho assalariado da mulher trouxe inúmeros benefícios para sua vida pessoal, o que também impactou positivamente a vida da família, proporcionando muitas vantagens para o casal e trazendo mais estabilidade financeira para o lar. As despesas da família, que antes eram asseguradas somente pelo homem, passaram a ser complementadas com o salário da mulher, estendendo-se às necessidades dos filhos, possibilitando maior segurança em situação de desemprego. Essa transformação propôs a valorização da mulher no mercado de trabalho, o que também refletiu na dinâmica da família, uma conquista muito importante.

A inserção da mulher no mercado de trabalho contribuiu significativamente para a melhoria da vida em família, mas o fato é que muitas mulheres continuam fazendo o trabalho doméstico, ou seja, a dupla jornada está presente no seu dia a dia. Elas acordam cedo para cuidar da casa e se preparam para enfrentar a segunda jornada de trabalho. Ademais, que muitas mulheres que desempenham esses papéis também estão estudando, buscando aprimorar o seu conhecimento e até mesmo aguardando ansiosamente por uma promoção de trabalho.

A mulher deixou de ser parcialmente uma dona de casa e avançou consideravelmente, rompendo com os velhos costumes. Com a conquista do trabalho assalariado, tornou-se possível sonhar, fazer escolhas, planejar o futuro, o que também impactou na sua forma de se relacionar com o parceiro e com o mundo. Essa nova mulher, que conquistou sua autonomia, passou a refletir sobre a ideia de casamento e maternidade como destino, pois deseja viver novas experiências, desbravar novos horizontes, estudar, viajar, conhecer outras culturas e, certamente, a escolha do parceiro não se resume apenas a cumprir papéis sociais.

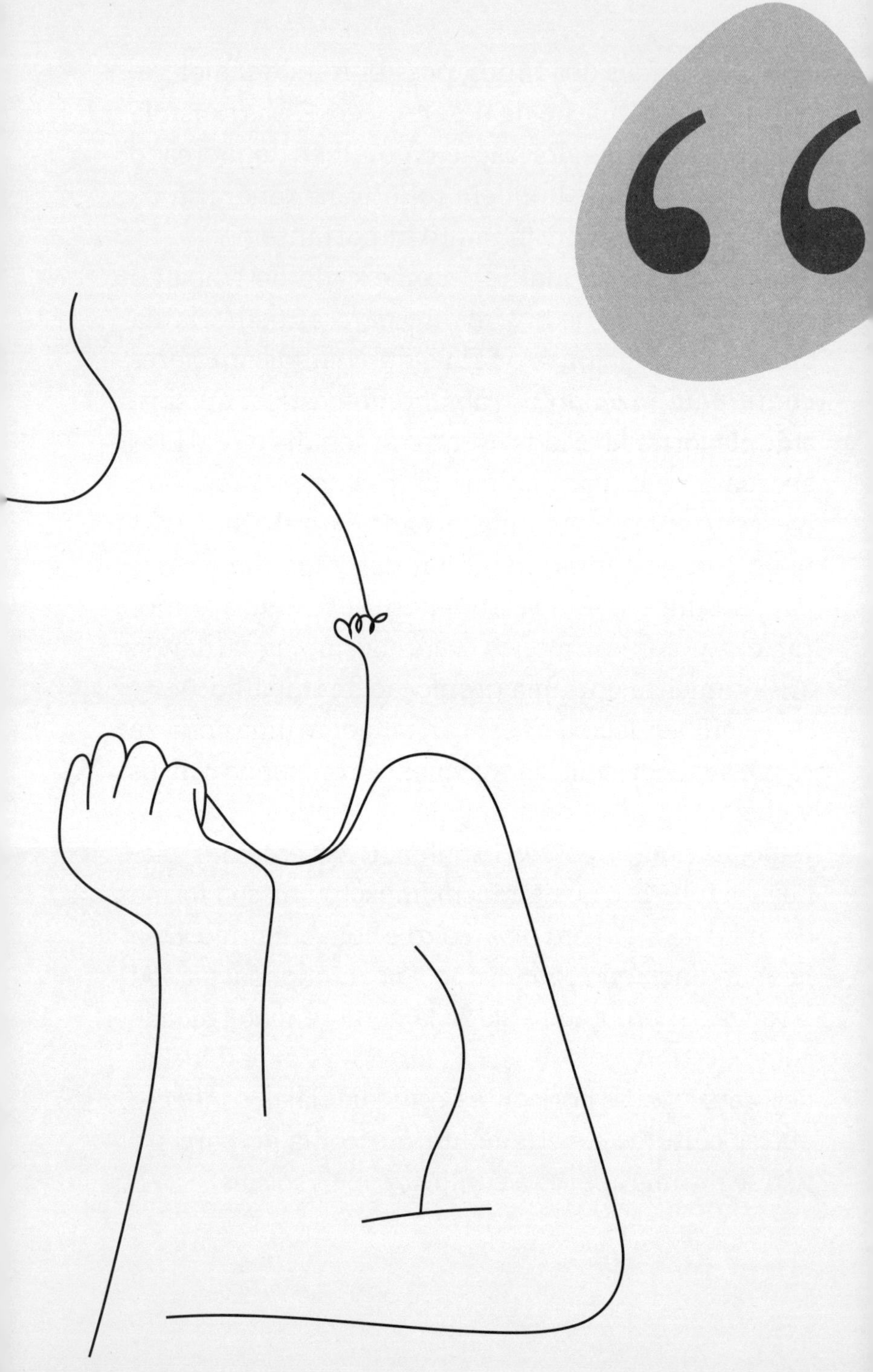

Capítulo 25
Não ignore os seus sentimentos

Com os entraves que se apresentaram no cotidiano de Aparecida, ela precisou aprender muito sobre si mesma, em uma jornada de autoconhecimento; e, a partir daí, conectou-se consigo mesma sob vários outros aspectos que deseja compartilhar daqui em diante.

Considerando que a saúde mental é afetada quando ignoramos nossas dores emocionais, quando silenciamos palavras que precisam ser ditas, quando ignoramos nossos sentimentos, identificar e evitar situações desconfortáveis pode contribuir significativamente para o nosso bem-estar psicológico. Se guardo as ofensas, se aceito de forma passiva as injustiças, estou concordando que não mereço ser tratada com respeito. Se não expresso minha opinião, dificilmente serei uma pessoa respeitada, causando um sentimento de desvalorização. Esse comportamento passivo é um dos desencadeadores da baixa autoestima, que pode levar à depressão.

Busque o autoconhecimento: conecte-se com você, com aquilo que te faz bem. Abrace as coisas boas da vida, identifique os seus princípios, seus valores, seus desejos mais profundos. Seja assertiva, capaz de questionar, de dizer não, de se posicionar, de lutar pelos seus direitos sem ofender os demais, mas sempre expressando suas ideias com clareza e segurança.

Pense em alguma situação em que você "travou" e não conseguiu expressar os seus sentimentos: como você se sentiu? Você se arrependeu por ter baixado a cabeça? Como se expressaria hoje?

_____

_____

_____

Pensar em assertividade exige um conhecimento mais profundo das nossas emoções: é necessário trabalhar nossos pontos fortes e fracos para alcançar o equilíbrio e atingir o objetivo desejado. Outro ponto importante é que a assertividade trabalha a ideia de amor-próprio, já que, para ser amado e respeitado, é necessário se priorizar, identificando comportamentos, sentimentos e pensamentos que causam desconfortos emocionais.

Sentir, observar e modificar nossos comportamentos pode ser o início do processo de transformação, enfrentando, assim, o medo de se expor para encontrar o equilíbrio.

No consultório, é realizado um trabalho com os pacientes, que apresentam melhora significativa com o treinamento assertivo. A blindagem da negatividade é uma das formas de conservar a mente saudável.

O que você pode fazer para blindar sua mente da negatividade?

_____

_____

_____

_____

A sensação de liberdade é infinitamente maior quando nos posicionamos, expondo nossas ideias, nossas opiniões e sentimentos, quando conseguimos expressar aquilo que realmente sentimos e acreditamos. Quando isso acontece, esvaziamos a mente e rapidamente temos a sensação de bem-estar. A expressão assertiva das emoções melhora o relacionamento intrapessoal e interpessoal, refletindo na qualidade de vida; ou seja, o desenvolvimento da inteligência emocional e da assertividade nos possibilita mais compreensão e leveza no dia a dia.

Como você define sua inteligência emocional? O que você acha que precisa desenvolver para ser uma pessoa mais assertiva?

_____
_____
_____
_____

Capítulo 26
Autonomia feminina e autoconhecimento

Para além de tudo isso, existem outros conceitos igualmente importantes, como a autonomia feminina e o autoconhecimento. Autonomia feminina é ter conhecimento de sua essência; é reconhecer em si seus valores e atributos, e usá-los em prol de seus benefícios de forma equilibrada.

Posicionar-se com autonomia é enxergar o seu verdadeiro poder, suas virtudes, valorizando-se mais, amando-se mais, desapegando-se da ingênua mania de querer agradar a todos. É compreender que você é única, e se apropriar de suas características. Sendo assim, quando você descobrir sua essência e sua força interior, também encontrará a chave que faltava para sua transformação, compreendendo que a pessoa que mais pode amar você é a que você encontra quando se olha no espelho, e que só você pode fazer o que ninguém fez ou fará por você.

Quais são suas virtudes e valores?

_____
_____
_____
_____

Quais são seus princípios?

_____
_____
_____
_____

O que só você pode fazer por si mesma?

_____
_____
_____
_____

Você é coadjuvante ou roteirista de sua história?

_____
_____
_____
_____

O que falta para você escrever sua própria história?

_____
_____
_____
_____

O que você está esperando acontecer para assumir o controle de sua vida?

_____
_____
_____
_____

    Assim, quando você parar de criar expectativas em relação aos outros e passar a escrever sua própria história, com base nos seus princípios e valores, valorizando sua essência, se sentirá mais completa e feliz. Não espere aplausos, apenas invista em você.

Para escrever sua própria história, no entanto, você precisa passar do papel de coadjuvante para o papel de roteirista. E não sejamos ingênuas, para isso, é preciso investir em conhecimento, sem esperar que as oportunidades sejam colocadas de bandeja à sua frente. É necessário arregaçar as mangas e se preparar para o mundo lá fora.

O que você gostaria de fazer?

_____
_____
_____
_____

O que você sabe fazer?

_____
_____
_____
_____

Ter poder sobre sua própria vida é isso: é se encher de amor-próprio, valorizando suas qualidades e aprendendo a lidar com suas dificuldades, buscando sempre ser alguém melhor.

Você tem poder sobre sua vida?

_____

_____

_____

_____

Defina seu amor-próprio:

_____

_____

_____

_____

Podemos dizer que uma pessoa encontra o seu poder quando olha para dentro de si e resgata sua história, seus princípios, descobre suas potencialidades e desenvolve suas habilidades, transformando seus desafios e limitações em motivação. Infelizmente, muitas mulheres se esquecem de sua real identidade e passam uma vida inteira querendo se encaixar em outros perfis, vivendo uma vida superficial, acreditando em ideias que não são suas.

O autoconhecimento feminino, aliado à autonomia, forma mulheres conscientes de si mesmas; e uma mulher consciente de sua essência estabelece com elegância seus limites, suas necessidades, vive em paz com o seu corpo e não se preocupa com as cobranças da sociedade. Ela simplesmente está preocupada com seus projetos, com seu desenvolvimento, usa sua energia para se sentir bem e para se proteger de toda a negatividade.

A mulher que aprende a lidar de forma assertiva e equilibrada com seus desafios tem o privilégio de olhar a vida com mais sabedoria e serenidade, compreendendo que tudo é transitório. Recordar nossa história, lembrar de onde viemos, resgatar nossos valores e viver de acordo com aquilo que acreditamos é fundamental para nos tornarmos mais conscientes, confiantes e felizes.

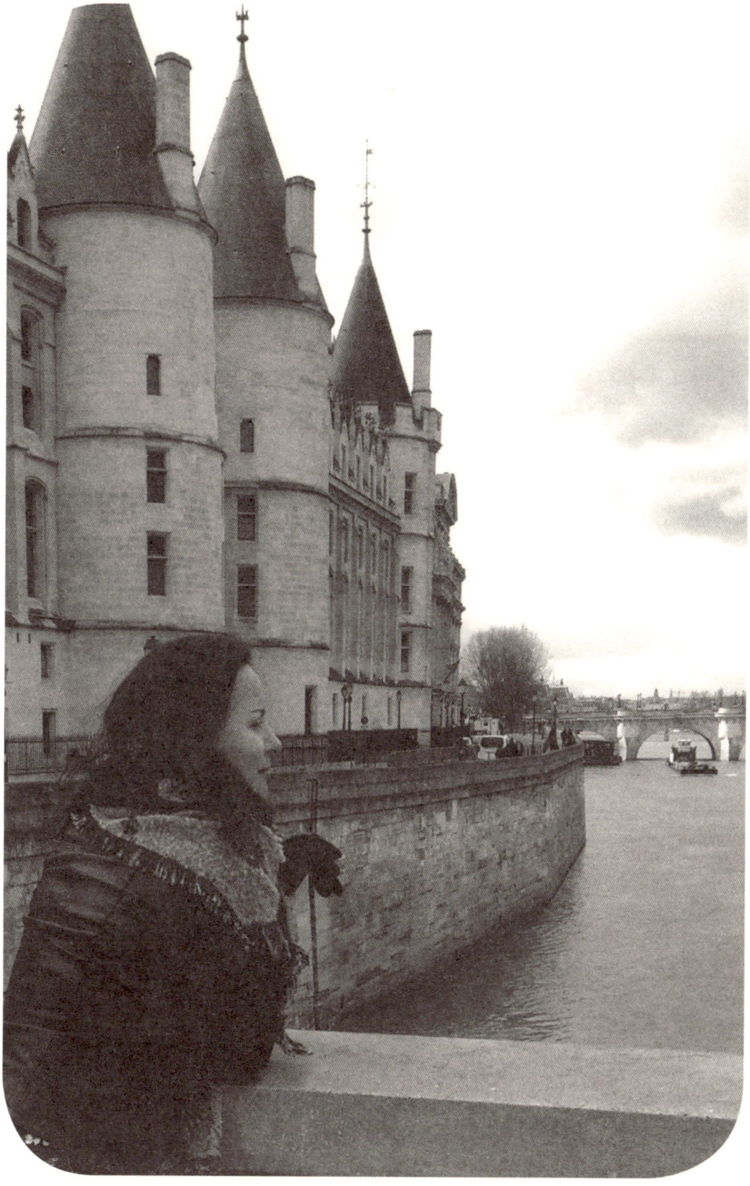

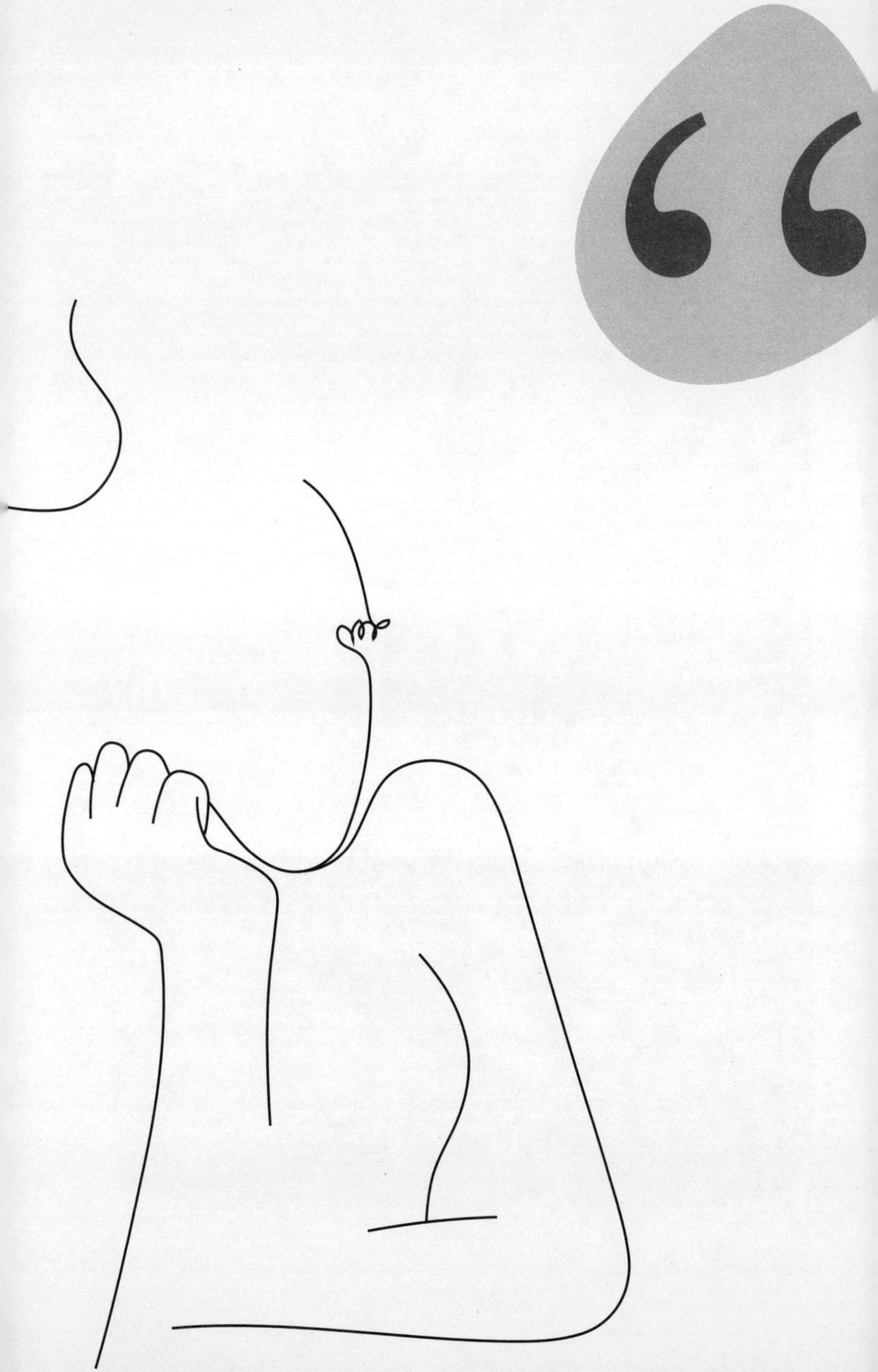

Capítulo 27
Novas configurações familiares

Na atualidade, a família é formada por um grupo, sendo um dos pais e seus descendentes, em suas diversas configurações familiares. Assim, observa-se que o afeto construído na relação é mais importante que a questão biológica e, além do modelo tradicional, composto por uma família nuclear, convivem na sociedade contemporânea famílias recasadas, homoparentais, adotivas, monoparentais e separadas. Cada grupo familiar possui um modo próprio de funcionar, e devemos respeitar todas as formas de ser família.

Na contemporaneidade, a questão da oscilação entre a necessidade de relação de interdependência e a rejeição dessa necessidade tem gerado muitos conflitos entre os cônjuges, uma vez que os vínculos e pertencimentos da família de origem se fazem presentes nas transmissões psíquicas inconscientes e interacionais. Esse fato também tem despertado interesse em vários estudiosos, pois compreender esses novos arranjos familiares tem sido bastante desafiador.

 Porém, podemos observar uma constante e árdua busca pelo equilíbrio, visto que muitos cônjuges são cuidadosos, preservam sua privacidade dentro da relação e estão sempre abertos às negociações. É importante lembrar que, para se ter autonomia na relação, é fundamental que o casal tenha maturidade, responsabilidade e transparência. O que não se pode negar é que, com o surgimento das novas configurações familiares, ficou evidente que houve uma depreciação dos valores do antigo modelo da família do século XIX, no qual existia uma necessidade de cumprir papéis sociais.

 Podemos observar que essas transformações impactaram a vida pessoal, profissional e familiar. A possibilidade de dialogar e de negociar situações de interesses dos cônjuges facilitou muito no sentido de poder encontrar o equilíbrio na relação.

 O desejo de manter territórios pessoais no seio da vida familiar tem se tornado assunto importante dentro dessa dinâmica. Vemos que, ao longo dos anos, a vida conjugal passou por muitas transformações, pois antes o homem era considerado o cabeça da relação, o responsável e provedor do grupo, o que possivelmente justificava sua autoridade; já a mulher era vista como o coração da família, aquela que estava sempre à disposição dos membros, cuidando e servindo. Na atualidade, o casal é a cabeça da relação, e as decisões são tomadas em comum acordo.

Capítulo 28
A culpa não é sua

Infelizmente, os casos de assédio sexual acontecem com frequência em diversos lugares, e isso é cruel, fere nossa alma, nossa autoestima e cria vários bloqueios emocionais. No caso de Aparecida, especificamente, aconteceu dentro de um consultório, durante uma consulta médica de rotina, um lugar onde jamais se imaginaria que aquilo pudesse acontecer; mas infelizmente acontece em diversos ambientes, e são muitos os relatos de mulheres que passaram por situações semelhantes.

Revisitar esse lugar de constrangimento do seu passado ainda causa desconforto; a frase "deixa eu te ajudar" com certeza foi a pior estupidez que ela já ouviu em sua vida. Imagine: você está frágil, preocupada, acreditando que está com algum problema de saúde grave, vai ao médico pensando que está em um ambiente seguro, acolhedor, e de repente descobre que o sujeito é um criminoso. Isso pode causar danos emocionais gravíssimos.

As palavras verbalizadas por aquele sujeito, que se aproveitou de sua confortável situação de poder para atacá-la com suas atitudes e palavras asquerosas, a fizeram refletir muito sobre a importância da sororidade, pois é fundamental falar sobre essas situações, respeitando o tempo de cada vítima. Durante muito tempo, Aparecida carregou o peso das palavras que ouviu em um momento de fragilidade, e tinha vergonha de falar sobre isso, até compreender que a vergonha deve ser do outro, e que devemos falar, sim, pois o pensamento machista ainda é muito cruel e devastador.

É importante conscientizar-se como mulher, abandonar o tabu, a insegurança e o medo de ser julgada, e falar sobre o assunto, pedir ajuda, assumir-se como vítima, buscar forças para enfrentar a situação. É essencial entender que houve um crime e a culpa é do assediador, nunca da vítima.

Aparecida cogitou a possibilidade de resolver aquela situação no âmbito jurídico, mas acabou desistindo. Quando esse for o caso, converse com as pessoas próximas, conte aos seus pais, marido, namorado... divida o sofrimento, não leve sozinha um peso que pode ser compartilhado em um ambiente seguro. É importante buscar um lugar de acolhimento para as emoções que são comuns após um episódio de assédio. Procure pessoas em quem você confie e coloque esse lixo para fora; fale sobre o que aconteceu, e isso certamente irá lhe ajudar.

O que Aparecida propõe é: busque ajuda e se fortaleça para superar momentos como esse. E nunca, jamais, traga para si uma culpa que não é sua. Afinal, temos o costume de ser tão compreensivas e amigáveis com os problemas das outras pessoas. Por que não praticar a autoempatia, respeitando suas dores emocionais?

Você é uma pessoa compreensiva com os problemas das outras pessoas?

_____

_____

_____

_____

Você costuma ser gentil com você?

_____

_____

_____

_____

Você já passou por uma situação de muito constrangimento? Como você se sentiu?

_____
_____
_____
_____

O que você falaria para um(a) amigo(a) que estivesse passando por uma situação difícil?

_____
_____
_____
_____

Se você estivesse passando por um momento difícil, o que você gostaria de ouvir de um(a) amigo(a)?

_____
_____
_____
_____

Capítulo 29
O que realmente importa para você?

A base dos nossos princípios é desenvolvida no ambiente familiar, de acordo com a visão do sistema, considerando que alguns ensinamentos podem sofrer alterações no decorrer da vida. Podemos dizer que os princípios regem a nossa existência e estão inseridos em todas as culturas. Conhecer os princípios que governam nossas ações pessoais nos ajudará por toda a vida, principalmente no processo de tomada de decisão, podendo evitar muitos conflitos.

Agora, pense com carinho sobre si mesma e escreva abaixo quatro princípios que governam sua vida:

_____

_____

_____

_____

Os valores são adquiridos a partir das experiências vividas, pois é por meio do contato com o seu íntimo e do autoconhecimento que a pessoa vai descobrindo o que realmente importa. Os valores podem ser intrínsecos ou extrínsecos; pode ser um carro de luxo ou uma grande amizade. Nesse contexto, podemos considerar que os valores são relativos. O que é importante para uma pessoa pode não ter muito valor para outra que possui crenças e valores diferentes. A descoberta dos valores, daquilo que realmente importa, pode levá-la a um propósito de vida em que viverá com mais alegria e plenitude.

É importante ressaltar que os valores também podem mudar ao longo da vida, dependendo das suas experiências.

O que realmente importa para você?

_____
_____
_____
_____

Escreva alguns dos valores dos quais você não abre mão:

_____
_____
_____
_____

 Há que se pensar que valores e virtudes não são a mesma coisa. Virtudes podem ser, por exemplo, coragem, honestidade e empatia. Ou seja, são características guiadas por nossa razão. Já os valores têm a ver com a nossa realidade, com o nosso crescimento enquanto ser humano: o que para você é errado ou correto, importante ou trivial, para o outro pode não ser.
 O termo virtude vem da palavra grega *areté*, que significa excelência. Uma qualidade moral do ser humano que está relacionada ao desenvolvimento

da personalidade de cada indivíduo, levando-o para o caminho do êxito e da empatia. Uma pessoa virtuosa tem mais controle de suas emoções.

Nossas virtudes não são qualidades inatas, mas podem ser desenvolvidas no seio familiar e aprimoradas no decorrer da vida. Existem duas espécies de virtude: a intelectual e a moral. A primeira é conquistada por meio da educação, dos aprendizados adquiridos, o que demanda dedicação e persistência. A virtude moral é consequência das experiências vividas, resultado das boas escolhas.

Existem muitos exemplos de virtude que estão relacionados à força interior, como sabedoria, altruísmo, temperança, generosidade, perdão, honestidade, coragem, determinação, compaixão, sensatez, integridade e prudência.

No esporte, podemos dizer que uma ginasta realizou com maestria os movimentos, alcançando sua excelência, sua virtude.

Você se considera uma pessoa virtuosa?

_____
_____
_____
_____

Capítulo 30
Construindo o amor-próprio

Como discutimos nos capítulos anteriores, temos o hábito de ser compreensivas e empáticas com o próximo, mas, muitas vezes, julgamos e condenamos a nós mesmas da pior maneira possível. Para que adotemos conosco a mesma medida que usamos para ajudar o outro, é necessário desenvolvermos o amor-próprio.

Se você não ama a si mesma, não vai encontrar com facilidade a plenitude, a felicidade, não se sentirá uma pessoa realizada, não olhará para si mesma com um olhar de admiração, mesmo que ainda esteja em busca de seu sonho. Precisamos valorizar cada vitória, por menor que ela seja, assim vamos nos encorajar a continuar, por mais que a jornada seja difícil.

Porém, engana-se quem pensa que o amor-próprio é algo que, uma vez conquistado, pode ser esquecido. É necessário tratá-lo como uma flor, regando sempre com doses de otimismo e palavras positivas a nosso respeito, ou seja, devemos cultivá-lo sempre.

Mas pode ser que algumas pessoas não conheçam, de fato, o significado do amor-próprio e, por isso, devemos nos aprofundar um pouco mais nesse conceito. Podemos dizer que o amor-próprio é o apreço, a admiração e o cuidado que uma pessoa tem consigo mesma. É não se martirizar diante de fracassos, não se culpar diante de decepções. É acolher-se tal qual acolhemos uma criança pequena que perdeu seu brinquedo.

Quando seu amor-próprio for construído de maneira sólida, você vai passar a aceitar seus próprios erros e medos, vai aceitar-se como o ser imperfeito que é, e buscar melhorar sempre.

Para falar de amor-próprio, é indispensável falarmos de autocuidado. E o que significa essa palavra? É o cuidado que temos conosco, com nosso corpo, nossa alma e nossa mente. É nutrir-se não só física, mas emocionalmente, com o melhor. É escolher cuidadosamente o que deixamos entrar, o que deixamos fazer parte de nós.

De forma mais precisa, autocuidado é tudo aquilo que você faz para promover seu próprio bem-estar e qualidade de vida para si. Por exemplo, se você se alimenta de maneira saudável, mantendo uma alimentação balanceada, você oferece ao seu corpo o que ele precisa para um bom desempenho. Praticar exercícios também é uma forma de autocuidado, pois, além de cuidar do seu corpo, você estará cuidando da sua mente, uma vez que, durante a prática de exercícios, geralmente ficamos focados naquilo que estamos fazendo, deixando de lado as preocupações e ansiedades.

Planejar-se financeiramente também é um ótimo exemplo dessa prática, uma vez que ter uma boa organização financeira traz sensação de equilíbrio e bem-estar. Não se esqueça de que cuidar da sua espiritualidade também faz parte: seja praticando uma fé específica, seja fazendo yoga, meditação etc. O fato de se comunicar com algo mais elevado nos traz a sensação de que estamos sendo cuidados por uma força ou energia maior, e nos dá a esperança de que tudo ficará bem.

Perceba que o autocuidado promove uma qualidade de vida notável e, dessa forma, é inevitável que nos sintamos melhores do ponto de vista tanto físico quanto psíquico. Quando regamos nosso autocuidado com atitudes de amor-próprio, fortalecemos a confiança que temos em nós mesmos, em nossas decisões e atitudes.

Você tem hábitos saudáveis? Quais?

_____

_____

Você cuida de sua mente?

_____

_____

Você tem regado seus pensamentos com palavras de otimismo?

_____
_____

Como está sua espiritualidade?

_____
_____

Você se alimenta de maneira saudável?

_____
_____

Você pratica exercícios físicos?

_____
_____

Você acha importante ter um planejamento financeiro?

_____
_____

Capítulo 31
Sinta-se merecedora

Bom, parece que, para estarmos realmente bem, existe uma cadeia de sentimentos que necessitamos desenvolver, certo? O autocuidado, por exemplo, depende da autoestima. Como você pode ter autocuidado se não se enxerga como merecedora desse cuidado?

Da mesma forma, podemos perceber que a autoconfiança depende da autoestima. Elas estão ligadas, porque ambas nos remetem à imagem que temos de nós mesmas. Se sua autoestima está elevada, você se vê com bons olhos, como uma pessoa merecedora de alcançar seus objetivos. Logo, se você se enxerga de maneira merecedora, você confia em si mesma para desempenhar uma série de tarefas ao longo da vida e até mesmo para construir seu próprio castelo, em vez de esperar que um príncipe encantado te leve para morar em um. Autoestima é você se olhar no espelho e se sentir amada. Autoconfiança é ter segurança em si mesma.

Além de tudo isso, autoconfiança é a habilidade que faz com que você acredite que pode deixar para trás: pessoas que te ignoram, relacionamentos tóxicos ou abusivos, o emprego de que você não gosta. A autoconfiança faz com que você se sinta livre para tomar decisões importantes para a sua vida.

É preciso compreender que podemos, sim, ter autonomia para escolher; e é mais do que necessário buscarmos essa independência emocional, para que só depois passemos a nos relacionar com o outro. Para amar alguém, você precisa se amar. Para deixar o outro livre, você precisa ser livre antes.

Se uma pessoa não tem autoestima elevada, dificilmente ela terá autoconfiança. E sem a segunda, nos sentimos constantemente insuficientes, incapazes e inaptos para executar qualquer projeto, ou até mesmo para seguir nossos sonhos e mudar o que precisa ser mudado em nossas vidas.

Não há como manter o autocuidado sem praticar a autoestima. Podemos definir esta última como o valor que damos a nós mesmos. Quando você se olha no espelho e consegue manter longe de si sentimentos ou pensamentos negativos, mágoa, culpa, egoísmo, certamente alcançou a autoestima.

Você já se deparou com alguma situação recorrente e se perguntou: "Por que eu agi assim?". Ou, quantas vezes você já se viu triste sem entender o motivo? E, ainda, quantas vezes você teve reações das quais se arrependeu depois?

O autoconhecimento responde a todas essas perguntas com êxito. Quando você sabe quem você é, compreende seus pontos fortes e fracos, sabe onde precisa melhorar, onde é necessária a mudança. Além disso, sabe no que você é suficiente, no que você se sobressai. A partir disso, começa a se orgulhar de quem você é.

O autoconhecimento, quando unido à autoestima, é capaz de eliminar de uma vez por todas pensamentos como "Eu não mereço coisas boas" ou "Eu não sou capaz". Em contrapartida, quem alimenta a autoestima é o autocuidado, na medida em que promove em nós pensamentos contrários aos mencionados anteriormente.

Buscar meios de reduzir nossas emoções negativas, como ansiedade ou estresse, também é uma forma de autocuidado. Afinal, todos nós precisamos de sono de qualidade, de tranquilidade e sossego. Estar junto da natureza, por exemplo, é uma ótima maneira de reduzir sentimentos negativos; mas a pessoa mais indicada para dizer o que te faz bem, ou não, é você mesma.

Será que podemos dizer que autocuidado, autoestima, autoconhecimento e amor-próprio são a mesma coisa? A resposta é "não". O que podemos compreender é que estão interligados o tempo todo, fortalecendo um ao outro, aprimorando um ao outro.

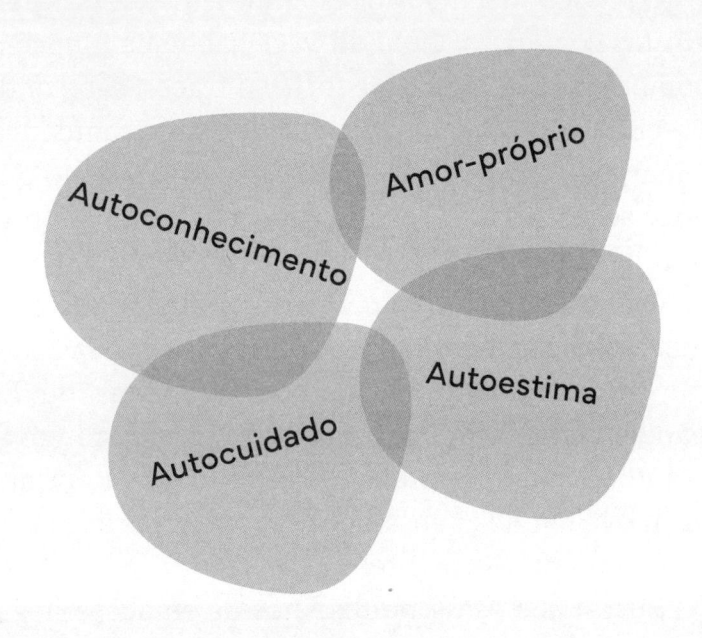

- Autoconhecimento
- Amor-próprio
- Autocuidado
- Autoestima

Capítulo 32
Liberdade emocional

Podemos perceber que as quatro palavras mais usadas no capítulo anterior, se usadas juntas, podem transformar nossa vida, certo? Pode-se encarar a imagem anterior como uma pequena amostra do que acontece se alimentamos o amor-próprio, a autoestima e o autocuidado, ao mesmo tempo que buscamos o autoconhecimento: nos tornamos fortes. É mesmo como a receita de um bolo: se não usarmos ovo ou dispensarmos o açúcar, o bolo pode até ficar pronto, mas não vai ficar como deveria. Talvez fique duro, talvez fique com um gosto nada agradável.

Assim, quando estamos fortalecidas por esses quatro pilares, temos a capacidade de fazer boas escolhas com confiança, tomando as rédeas de nossa própria vida. Muitas vezes, quando estamos enfraquecidas emocionalmente, nos entregamos a relacionamentos apenas por carência, para que alguém possa nos proteger e cuidar da nossa felicidade.

Daí a importância de nos movimentarmos em direção ao centro da imagem anterior, na qual esses quatro pilares da independência ou autonomia emocional se cruzam e se fortalecem. Então, talvez você se pergunte: é realmente necessário tudo isso para alcançar a autonomia emocional? E mais: talvez você se pergunte se autonomia emocional é tão importante assim.

Quando você tem o controle de suas emoções, torna-se capaz de romper vínculos com pessoas e situações manipuladoras, conseguindo identificar com mais clareza e menos dor o que precisa ser descartado do ponto de vista emocional.

A autonomia lhe dará a capacidade de decidir o melhor para você, sem levar em consideração a opinião alheia. Porém, é importante compreender que estamos falando de opiniões que não levam em consideração a sua essência, os seus sonhos, o seu bem-estar. Não podemos esquecer a importância de se ter uma rede de apoio, pessoas em quem confiamos, que possam nos orientar, aconselhar e acolher.

Parece difícil alcançar a maturidade, a autonomia emocional, chegar a um estado pleno de autoconhecimento e livrar-se de amarras que te prendem a alguém que você não é mais, ou nunca desejou ser. Mas fique calma, o caminho sempre começa com o primeiro passo. Não há caminhada que tenha se iniciado já no cume da montanha; precisamos encontrar coragem dentro de nós para iniciar a jornada.

Quando falamos em dependência emocional, ressalta-se que não estamos obrigatoriamente dizendo que dependemos de um outro alguém, embora este seja o tipo mais comum de dependência emocional.

A liberdade que você precisa alcançar está em tudo! Está no engarrafamento que você pega logo cedo e decide se vai deixar a lentidão do trânsito afetar todo o seu dia. Está naquela entrega que você tanto aguardava e não aconteceu. Está em driblar os imprevistos, as decepções, as expectativas frustradas, seja por nós mesmas ou pelo outro.

Como lidamos com nossas próprias necessidades? Que valor damos ao que vem de fora? Pense em um barquinho, um pequeno e humilde barquinho com seu pescador no meio do oceano. Olhe-o como se você estivesse acima, no céu, sobrevoando a imensidão azul do mar, e vê aquele pontinho branco, que é o barquinho, cercado por água. Toda essa água poderia afundar o barquinho, certo?

Bom, é certo que, ainda que não fosse um oceano, ainda que fosse um rio ou um pequeno curso d'água, o barquinho poderia ser levado para o fundo num piscar de olhos. Mas por que isso não acontece? Por que a água, sendo ela muito mais forte, estando em um volume consideravelmente maior do que caberia dentro da pequena embarcação, não consegue afundá-la?

A resposta é simples: a água permanece do lado de fora. Enquanto a água estiver fora do barquinho, ele navegará pleno e leve, guiando à frente os planos do seu condutor. Assim é o nosso coração, assim são nossas emoções. Mantenha do lado de fora o que não pode entrar. Deixe a água do lado de fora do barco das suas emoções. Use a água a seu favor! Navegue sobre ela e alcance seu destino.

Parece que falar é muito fácil! Jamais se poderia dizer que colocar suas emoções acima do que vem de fora é fácil. Mas a verdade é que sempre temos que começar, não é mesmo? Assim como nossa vida começa no momento do parto, quando não sabemos andar ou falar. E, ainda assim, sem saber falar ou andar, sem conseguir expressar o quanto é dolorosa a separação física do útero materno, começamos a viver.

Primeiro, aprendemos a nos alimentar, a nos comunicar. Então, começamos a exercer nosso direito de ir e vir com nossas próprias perninhas. E aí vem a escola, as histórias que começam a ser construídas ao nosso redor. Então crescemos, passamos a construir nossas histórias, e não apenas fazer parte das histórias alheias.

Há que se ter coragem para se sentar hoje na beira de uma montanha, ou até mesmo no sofá da sala, e encarar as histórias das quais fomos protagonistas.

Fazer as pazes com nossos erros, relembrar nossos acertos, perdoar as más escolhas que fizemos e anotar num cantinho para não escolhermos errado novamente. Aceitar que tudo o que somos e fomos pode ser usado para nossa evolução, para o reencontro com quem realmente somos.

Por que eu estou aqui, agora, neste lugar? É o lugar onde eu sempre quis estar? O trabalho que eu faço hoje é aquilo com que eu sempre sonhei? As escolhas diárias que eu faço remetem a quem eu sou realmente? Ou eu passo tempo demais agindo como os outros querem ou esperam? Eu estou em paz navegando em meu barquinho, ou estou deixando as opiniões alheias desviarem meu curso? Estou tranquila porque a água se mantém fora, ou estou permitindo que ela entre e comece a afundar meu barco? Não há como navegar em um barco sem remos. Não há como navegar sem remos, sem vela, sem vento, sem provisões.

Então, vamos lá! Pegue seu barquinho e coloque-o na água. Use os remos do amor-próprio, deixe o vento do autoconhecimento agitar as velas da sua autonomia e leve como provisão um pacote de autocuidado e um bocado de autoestima. Certamente, sua embarcação chegará aonde você almeja, mesmo que sozinha, mesmo que ouvindo apenas o som das gaivotas e sentindo somente a brisa suave que te impulsiona a sonhar ainda mais longe.

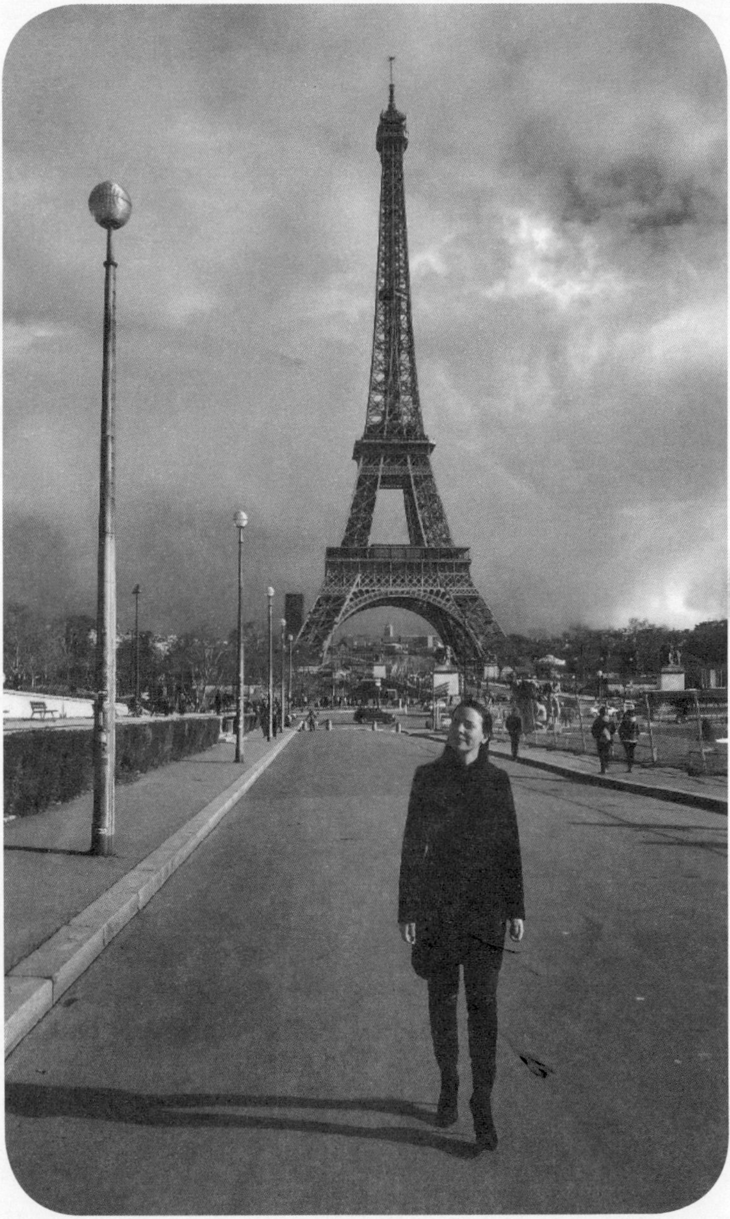

Capítulo 33
Apenas o essencial na bagagem da vida

Bem, diante de tudo o que vimos até aqui, talvez seja necessário dizer que a vida de Aparecida depois do casamento não foi sempre tranquila em seu barquinho com todas as provisões que já mencionamos.

Quando decidimos viver com alguém, a rotina não é mais a mesma de quando vivíamos sozinhas. Você pode sonhar em morar em uma linda casa espaçosa, mas se casar com alguém que sonha em viver num pequeno apartamento alugado e usar o dinheiro da casa para viajar, conhecer o mundo e ter experiências incríveis ao longo dos anos. Não é por isso que a separação será iminente ou que não se deve acreditar no sucesso da relação.

Da mesma forma, como nós mesmas não somos perfeitas, o outro também não é. Assim, quando se unem duas vidas, duas pessoas com experiências, sonhos, anseios e crenças diferentes, é preciso trabalhar as diferenças e se adaptar ao novo estilo de vida. É preciso aceitar que o outro pode errar, que você pode errar. E aí, mais do que autoestima ou autonomia emocional, sabe do que você vai precisar? De autoconhecimento.

Vinte e dois anos depois de se casar, Aparecida olha para trás e assiste ao filme de seu casamento. Naquele 20 de maio, o jovem casal jurava amor eterno diante de amigos e familiares. Ela, uma moça apaixonada, vestida de branco e realizando o sonho de se casar na igreja, com véu e grinalda. Mas os anos se passaram, as tempestades vieram, as dificuldades surpreenderam o casal. É o que acontece com todos que se unem para dividir, compartilhar uma vida. E, então, pode ser que em algum momento seja necessário um rompimento.

Ter autonomia emocional não significa descartar o que passou, o que não deu certo. Devemos usar nosso autoconhecimento para compreender até onde podemos ser ainda melhores para compartilhar a vida com outra pessoa, para merecer a dádiva de encontrar em outro alguém companheirismo, cumplicidade e amor.

Assim, o casamento da caçula de Onélia, que na infância corria e escalava prateleiras de vidro, precisou passar por um rompimento. Hoje, Aparecida olha para trás e compreende que essa pausa foi necessária; os momentos difíceis fizeram com que o casal amadurecesse em sua essência, e alcançasse um novo nível de maturidade no relacionamento.

Hoje, vinte e dois anos após o sim no altar, Aparecida e Julio continuam construindo sua história juntos, ressignificando os erros cotidianos, comemorando os acertos, brindando à vida a dois que escolheram não somente uma, mas duas vezes. Na reconciliação, novos acordos foram feitos; mas, principalmente, eles se prometeram coisas como sorrir mais, levar apenas o essencial na bagagem de suas vidas e caminhar com mais leveza juntos, sempre juntos. E para isso acontecer, para uma reconciliação funcionar, temos que aprender de todo o nosso coração a reconhecer que algumas pessoas e situações merecem uma segunda chance em nossa vida. Que nós merecemos uma segunda chance, seja de amar, seja de recomeçar.

E, após todos esses anos, a vida do casal se tornou um mar de rosas, perfeitos um para o outro? Ledo engano se pensamos assim. Todos os dias há concessões a fazer e um ser humano novo para conhecer. Muitas são as decisões que se deve tomar a partir do momento em que se decide ser um casal, e não apenas um remando só em seu barquinho.

Aparecida se recorda ainda hoje dos ensinamentos de sua mãe, quando ela lhe dizia que toda decisão carrega uma consequência e a responsabilidade de lidar com ela. Assim, a jovem cresceu ouvindo conselhos e aprendendo a educar os próprios sentimentos: uma jovem que não cultivou em si mesma falsas ilusões sobre a maternidade.

Com o passar do tempo, à medida que amadurecia, uma decisão foi se construindo em seu coração, tornando-se firme e sólida, estruturada sob pilares que Aparecida julgava importantes. Ao lado de Julio, que também havia crescido sem romantizar a paternidade, ela encontrou leveza para seguir o caminho que seu coração havia escolhido, para tomar a decisão que se construiu dia após dia em sua vida: não ter filhos.

Quando a decisão foi tomada, não faltaram comentários, perguntas e até mesmo uma espécie de cobrança externa. Mas Aparecida e Julio seguiram firmes em seu barquinho, não deixando a água entrar. Hoje, tantos anos depois, seguem juntos com a mesma decisão, felizes, vivendo um para o outro, de um modo único, só deles.

Então, voltamos ao autoconhecimento, porque é ele que permite que você construa uma decisão consciente dentro de si e se mantenha firme nela quando as opiniões divergentes chegarem até você. Permita-se uma última reflexão: sinta seu corpo, ouça sua voz interior, silencie o barulho que vem de fora. E nunca se esqueça: a água fica sempre fora do barquinho!

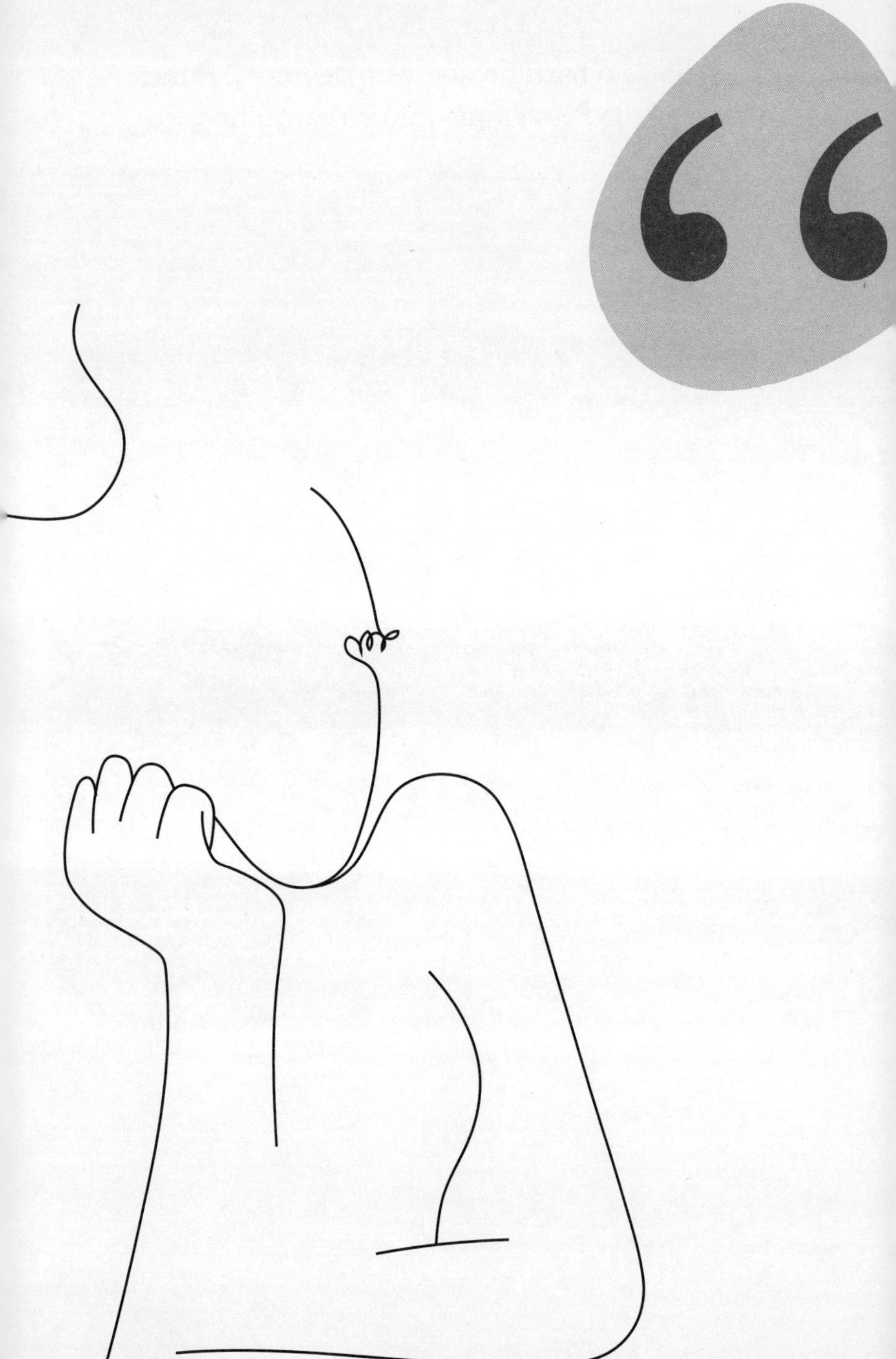

Referências

AMERICAN PSYCHIATRIC ASSOCIATION. *Manual diagnóstico e estatístico de transtornos mentais*. 4. ed. Porto Alegre: Artmed, 2002.

ANDOLFI, M.; ANGELO, C.; SACCU, C. (orgs.). *O casal em crise*. São Paulo: Summus, 1995.

BEAUVOIR, S. (1908-1986). *O segundo sexo*: fatos e mitos. 5. ed. Vol. 1. Rio de Janeiro: Nova Fronteira, 2019.

BEAUVOIR, S. (1908-1986). *O segundo sexo*: a experiência vivida. 5. ed. Vol. 2. Rio de Janeiro: Nova Fronteira, 2019.

BÍBLIA. Antigo Testamento. Gênesis 1:2. 57. ed. São Paulo: Edição Claretiana, 2005.

BORGES, C. C. Mudanças nas trajetórias de vida e identidades de mulheres na contemporaneidade. *Psicologia em Estudo*, v. 18, n. 1, p. 71-81, 2013.

BRASIL. Lei 11.340, de 7 de agosto de 2006. Brasília, DF. Disponível em: https://www2.camara.leg.br/legin/fed/lei/2006/lei-11340-7-agosto-2006-545133-normaatualizada-pl.pdf. Acesso em: 2 jul. 2022.

BRASIL. MPSP. *História da Lei Maria da Penha*. Disponível em: mpsp.mp.br. Acesso em: 2 jul. 2022.

BRUSCHINI, C.; LOMBARDI, M. R. Instruídas e trabalhadeiras: trabalho feminino no final do século XX. *Cadernos Pagu*, 17/18, p. 157-196, 2001.

CHRISTIAN, H. Fique por dentro da Lei: sancionada a lei que facilita acesso a laqueadura e vasectomia. *Rádio Senado*, 6 set. 2022. Disponível em: https://www12.senado.leg.br/radio/1/conexao-senado/2022/09/06/fique-por-dentro-da-lei-sancionada-a-lei-que-facilita-acesso-a-laqueadura-e-vasectomia. Acesso em: 2 jul. 2022.

DINIZ, G. R. S. Dilemas de trabalho, papel de gênero e matrimônio em casais que trabalham fora em tempo integral. *In*: FÉRES-CARNEIRO, T. (org.). *Relação amorosa, casamento, separação e terapia de casal*. Rio de Janeiro: Coletâneas da ANPEP, 1996.

DINIZ, G. R. S. O casamento contemporâneo em revista. *In*: FERES-CARNEIRO, T. (org.). *Casal e família*: permanências e rupturas. São Paulo: Casa do Psicólogo, 2009.

EIGUER, A. A perversão narcísica, um conceito em evolução. *Revista Brasileira de Psicanálise*, v. 48, n. 3, p. 93-104, 2014.

EIGHER, A. O primeiro organizador inconsciente: a escolha do parceiro. *In*: EIGHER, A. *Um divã para a família – do modelo grupal à terapia familiar psicanalítica*. Porto Alegre: Artes Médicas, 1989.

ELKAIN, M. (org.). *Panorama das terapias familiares*. São Paulo: Summus, 1998. v. II.

FALCKE, D.; BOECKEL, M.; ARPINI, D.; MADALENA, M. Violência Conjugal: em briga de marido e mulher não se mete a colher? *In*: WAGNER, A.; MOSMANN, C.; FALCKE, D. (orgs.). *Viver a dois*: oportunidades e desafios da conjugalidade. São Leopoldo: Sinodal, 2015.

FÉRES-CARNEIRO, T. *Casal e família* – clínica, conflitos e afetos. Rio de Janeiro: PUC, 2021.

FERREIRA, E. S.; DANZIATO, L. J. B. A violência psicológica na mulher sob a luz da psicanálise: um estudo de caso. *Caderno de Psicanálise (CPRJ)*, Rio de Janeiro, v. 41, n. 40, p. 149-168, 2019.

FRANCO, D. A.; MAGALHÃES, A. S.; FÉRES-CARNEIRO, T. Violência doméstica e rompimento conjugal: repercussões do litígio na família. *Pensando Famílias*, v. 22, n. 2, p. 154-171, 2018.

FRIEDAN, Betty. *A Mística Feminina*. 2ª ed. Rio de Janeiro: Rosa dos tempos, 2021.

GOODRICH, T. J.; RAMPAGE, C.; ELLMAN, B.; HASLTEAD, K. *Terapia feminista da família*. Porto Alegre: Artmed, 1990.

HANISCH, C. *The Personal Is Political*: (1969) with explanatory introduction. Disponível em http://www.carolhanisch.org/CHArticlesList.html. Acesso em 28 jul. 2022.

INSTITUTO BRASILEIRO DE GEOGRAFIA E ESTATÍSTICA – IBGE. Disponível em: https://www.ibge.gov.br/estatisticas/multidominio/genero/20163-estatisticas-de-genero-indicadores-sociais-das-mulheres-no-brasil.html?=&t=resultados. Acesso em: 9 nov. 2022.

INSTITUTO DE PESQUISA ECONÔMICA APLICADA – IPEA. *O perfil da discriminação no mercado de trabalho.* Brasília, DF, 2016.

LEVY, L.; GOMES, I. C. Relação conjugal, violência psicológica e complementaridade fusional. *Revista Psicologia Clínica*, v. 20, n. 2, p. 163-172, 2008.

MACHADO, J. C. et al. (2014). Violência intrafamiliar e as estratégias de atuação da equipe de Saúde da Família. *Saúde e Sociedade* [online], 23, 3, 828-840. Disponível em: https://doi.org/10.1590/S0104-12902014000300008. Acesso em: 21 ago. 2022.

RACAMIER, P.-C. Pensamento Perverso e Lavagem Cerebral. *In*: PRADO, M. C. C. A. (org.). *Perversão narcísica*: incesto, assassinato e seus equivalentes. Belo Horizonte: Artesã, 2022.

RAZERA, J., Gaspodini, I. B., Oliveira, E. L. de, Neis, L. F., & Falcke, D. (2018). Terapia de casal em contextos de violência conjugal: revisão integrativa da literatura. *Contextos Clínicos*, 11(2), 197-205. Disponível em: https://dx.doi.org/10.4013/ctc.2018.112.05. Acesso em: 20 ago. 2022.

ROCHA-COUTINHO, M. L. Quando o executivo é uma "dama": a mulher, a carreira e as relações familiares. *In*: FÉRES-CARNEIRO, T. (org.). *Família e casal*: arranjos e demandas contemporâneas. Rio de Janeiro: PUC-Rio, 2003.

ROCHA-COUTINHO, M. L.; COUTINHO, R. R. Mulheres brasileiras em posições de liderança: novas perspectivas para antigos desafios. *Economia Global e Gestão*, v. 16, n. 1, p. 61-79, 2012.

ROCHA-COUTINHO, M. L (1992). Tecendo por trás dos panos (Tese Doutorado em Psicologia). Pontifícia Universidade Católica do Rio de Janeiro – PUC-Rio, Rio de Janeiro. Recuperado de http://www2.dbd.pucrio.br/pergamum/biblioteca/php/mostrateses.php?arqtese=1992_ROCHA-COUTINHO_M_L.pdf

ROSA, L. W. da, & Falcke, D. (2014). Violência conjugal: compreendendo o fenômeno. *Revista da SPAGESP*, 15(1), 17-32. Disponível em: http://pepsic.bvsalud.org/scielo.php?script=sci_arttext&pid=S1677-29702014000100003&lng=pt&tlng=pt. Acesso em: 20 ago. 2022.

SANT'ANNA, T. C.; PENSO, M. A. A transmissão geracional da violência na relação conjugal. *Psicologia: Teoria e Pesquisa*, 33, p. 1-11, 2017.

SARKIS, S. M. *O fenômeno Gaslighting*: a estratégia de pessoas manipuladoras para distorcer a verdade e manter você sob controle. São Paulo: Cultrix, 2019.

SINGLY, F. *Sociologia da família contemporânea*. Rio de Janeiro: FGV, 2007.

TANURE, B.; CARVALHO-NETO, A. M.; ANDRADE, J. A. Executivas: carreira, maternidade, amores e preconceitos. *RAE-eletrônica*, v. 9, n. 1, p. 1-23, 2010.

WOOLF, Virginia. *Um teto todo seu*. Trad. Adriana Buzzetti. São Paulo: Lafonte, 2020.

YAGODA, B. *How Old Is 'Gaslighting' Chronicle of Higher Education*. 2017. Disponível em: https://www.chronicle.com/blogs/linguafranca/how-old-is-gaslight. Acesso em: 28 ago. 2022.

Compartilhando propósitos e conectando pessoas

Visite nosso site e fique por dentro dos nossos lançamentos:
www.gruponovoseculo.com.br

TALENTOS DA LITERATURA BRASILEIRA

- facebook/novoseculoeditora
- @novoseculoeditora
- @NovoSeculo
- novo século editora

Edição: 1.ª edição
Fonte: Aleo

gruponovoseculo.com.br